冬の比良山系

飯道山（中央の山）信楽町宮町から望む

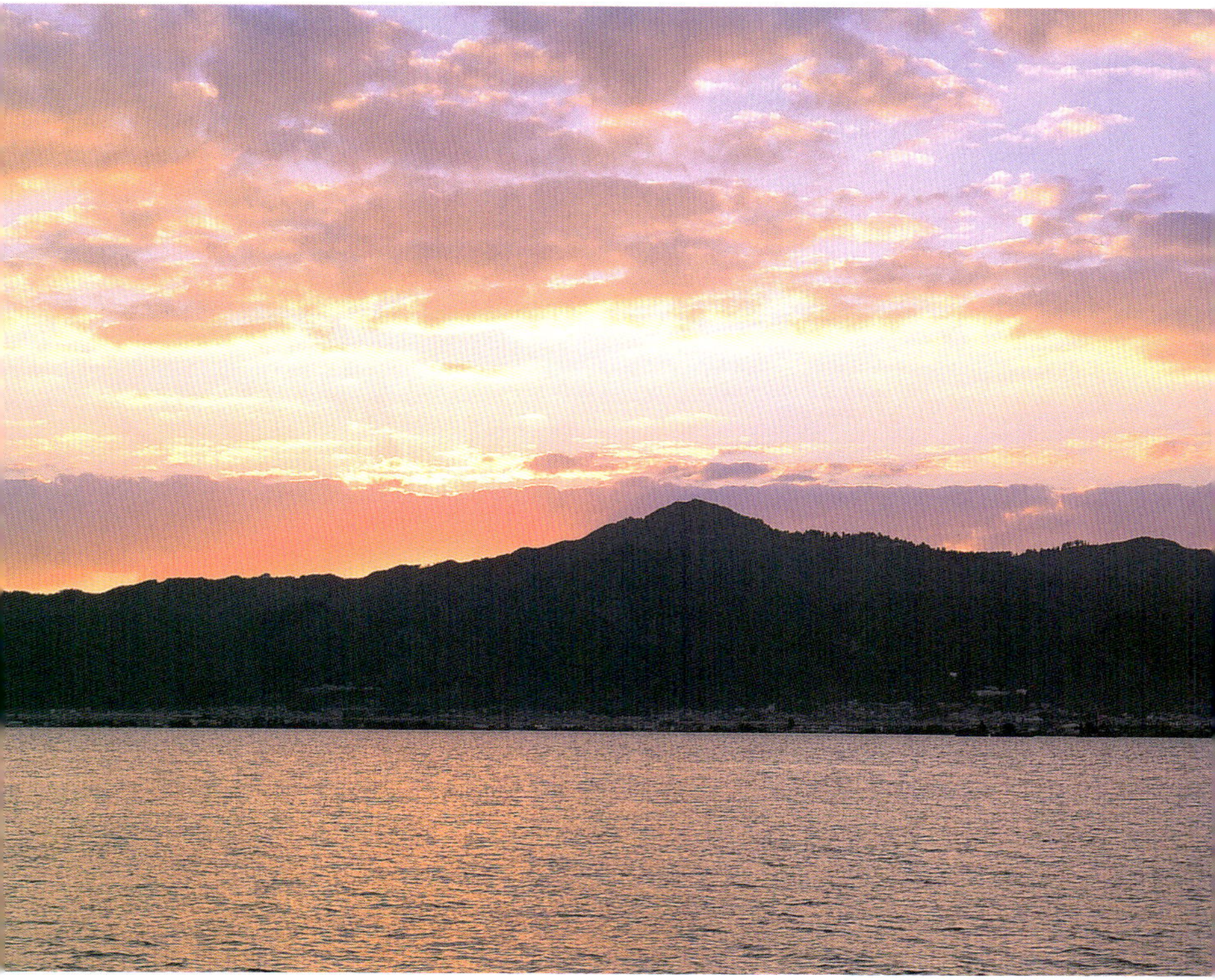

比叡山遠景

油日岳　山頂の祠（奥宮）

己高山

三上山　手前は野洲川

太郎坊山

青竜山の山頂の磐座（龍宮さん）

淡海文庫 33

近江山の文化史

―文化と信仰の伝播をたずねて―

木村至宏 著

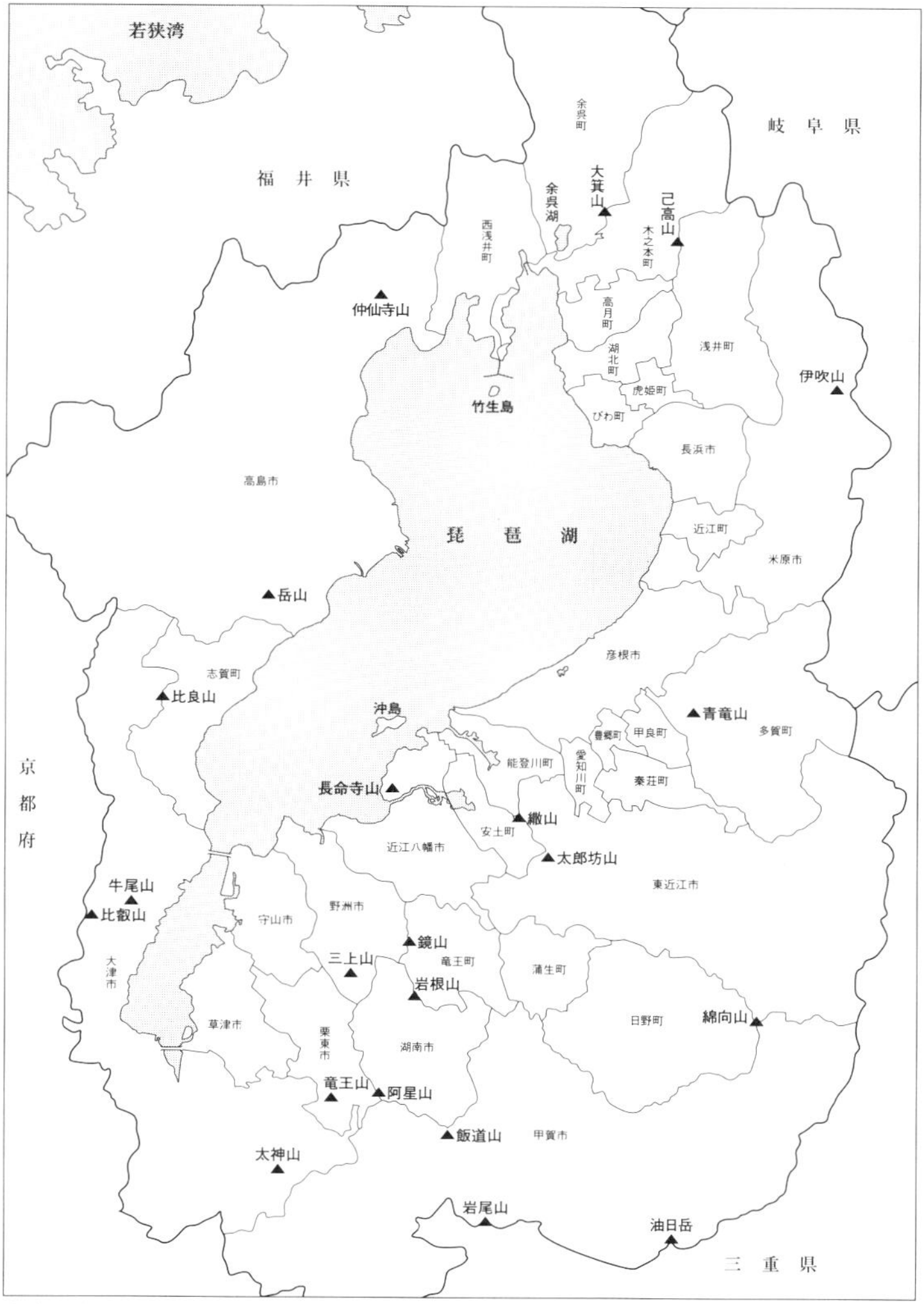

本書で紹介している滋賀県の山

目次

近江の山々　85

近江の山の概説

近江の山の特性

美しい山容と高い山は、古代から神が住まいする聖なるところとして、素朴な信仰をもってあがめられてきた。

それらの山は、その山麓あるいは周辺の人々と深いかかわりをもっていた。とくに稲作による農耕生産の技術が入ってきた弥生時代には、生活の営みのうえで山の存在が大きなウエイトを占めるようになった。

農耕を主体とする社会においては、厳しい自然下での豊饒《ほうじょう》を祈ることは、「生」への最大の行為であった。その地が水に恵まれているかどうかは重要なことであった。水は山から流れ出て、やがて平地の耕地を潤す。水が人々の生活を結ぶ命の糸でもあった。水をはぐくむ山に対して、畏敬《いけい》の念をもつことは自然の理だろう。

近江の山には、水の神であり水を司るといわれる「竜」の名を冠した山を数山みることができる。山はたいせつな水源となっているが、また山は地域社会において材木、薪炭など日々の営みの中で、生産の貴重な源でもあった。

いっぽう山は、人間が亡くなると霊魂がのぼって行き住む世界とみられてきた。仏教が入ってくると山の上が浄土といった山中浄土・山中他界観の思想も生まれたといわれている。日本で霊がこもる最古の山として熊野（和歌山県）が著名である。ちなみに近江の山の岳山《だけ》（高島市）・岩尾山（甲賀市）には、山の麓に浄土への入口を示す「賽《さい》の河原《かわら》」が現存し、山が祖先の霊をまつる浄土の世界であることをあらわしている。

民俗学者の柳田国男の『先祖の話』によれば、死後、他界として山の固有信仰と考え、祖霊は山中に宿り、のち山の神となり子孫の営む農耕を守護するという。いわゆる祖霊は山の神・地主神となり、子孫を守り地域を守る祖霊神としての機能を包含していたと考えられる。これがのちに神体山《しんたいざん》・神奈備《かんなび》信仰につながっていった。

山は、人々が生活する地域に近く、平野から充分に眺望ができ、美しい山容

岳山の山麓にある「賽の河原」

をした山は、山の神が宿るのに適し、山の高低にかかわらず山岳信仰の対象となったのである。

近江ではその顕著な例として後述の「近江の山々」で取りあげたように太神《たなかみ》山・阿星山・飯道《はんどう》山・岩尾山・油日岳・三上山・長命寺山・繖《きぬがさ》山・太郎坊山・青竜山・伊吹山・己高《こだかみ》山・岳《だけ》山・比良山・牛尾山・比叡山などがある。他府県に比べて多い部類に入る。

これらの山の山頂部には、神が宿ったという巨岩の磐座《いわくら》・大樹などがいまでもみられる。その山麓には幾多の遺跡や古墳群が存在し、古代の集落の発生と深い相関関係をうかがうことができる。

このように山の神いわゆる祖霊がこもる山は、六世紀中葉に仏教が日本に伝来すると、土着の神と融合しながら神仏混合の形態で発展し、山岳信仰を生み、人々は山に対して強い畏敬の念をもつようになった。

そして、聖なる山として仰がれてきた霊山へ、奈良時代に山林修行者たちが、修行の場として山に入ったのである。役行者《えんのぎょうじゃ》（役小角《おづね》）・行基《ぎょうき》・泰澄《たいちょう》・山修《さんしゅ》たちであった。山は修験道としての色彩を濃くしていった。

そのあと、最澄（伝教大師）・空海（弘法大師）が霊山に入り、新たに山岳仏教を確立したのである。とくに最澄は、すでに霊山として知られていた比叡山に入り、草庵を結び山学山修につとめ比叡山寺を創建した。

最澄のあと円仁・円珍・良源・相応《そうおう》らの天台僧が中心となって、かつて聖なる山として人々に認識されていた近江の山々に、地域の人々の信仰を得て堂舎の再興などを行った。そして仏像・典籍類もつくられ、一つの山を中心に仏教文化圏が、近江の各地域に形成されたのである。

まさに比叡山は、仏教文化の母胎としての色彩を強めていった。平安時代末期の今様《いまよう》歌謡を集めた『梁塵秘抄《りょうじんひしょう》』に

近江の湖《うみ》は海ならず　天台薬師の池ぞかし　何《な》ぞの海　常楽我浄の風ふけば
七宝蓮華《れんげ》の波ぞ立つ

と綴っているように、琵琶湖が比叡山の池にあたるぐらい、比叡山に咲いた文化が周辺の山々に投影し、それぞれの文化を育んできたのである。

しかし、鎌倉・室町の各時代を経るにしたがい、近江が東日本と西日本の接点にあたる交通の要所という地形的背景により、幾多の戦乱の舞台となった。そのため多くの堂舎が兵火などによって焼失・廃寺化の途をたどった。

しかし、堂舎等は焼失したが、地域の人々に支えられ多くのすぐれた文化財が伝承された。現在滋賀県が国指定文化財数において全国第四番目の保有量を誇っていることと無関係ではない。しかも、仏像を中心とする彫刻の国指定重要文化財は三七二件の多くを数え、かつての仏教文化の繁栄ぶりの一端をうかがうことができる。

近江の山は、単に自然景観や仏教文化だけに限らず遺跡・建造物・庭園・文学作品・祭礼・民俗行事といった各分野にわたって大きな影響を及ぼした。まさに近江の聖なる山の存在は大きく、近江の歴史と文化の構築に重要な役割を果たしてきたといっても過言ではない。

近江を取りまく山々

日本は四周海に囲まれた島国であるとともに山の国である。日本国土の面積は約三七万七〇〇〇平方キロメートルで、そのうち山地が六一パーセントを占めているという。滋賀県の場合もこの比率と同様に約六〇パーセントが山であることから山の国ともいえよう。

山は単なる森林だけでなく、生活に必要な水・木・狩猟、さらに景観を形づくり、環境、人々の情緒を育むなど日々の営みのうえで欠くことのできない要素を有している。

本書では、近江の山の存在が地域に住む人々にどのようにかかわってきたか、山が近江の歴史と文化の構築にどのような役割を果たしてきたかなどを中心に記述してみたい。

近江は、地名の由来ともなった近淡海《ちかつあわうみ》の国であり、その呼称の母胎となった琵琶湖がほぼ真中に位置している。その周辺を大小の河川によって形成された平野部が広がり、その背後に里山そして山々が取り囲むといった地理的形態をとっている。いわゆる典型的な近江盆地である。

近江を取りまく山なみは、南から太神山《たなかみ》（湖南アルプス）山系・阿星山系・笠置山系・鈴鹿山系・伊吹山系・野坂山地・比良山系・比叡山系・長等・岩間山系が琵琶湖を取り囲むように連なっている。このなかでの最高峰は、伊吹山（標高一三七七・二メートル）、次いで同じ伊吹山系の金糞岳《かなくそ》（標高一三一七メートル）、三番目は鈴鹿山系の御池岳《おいけ》（標高一二四二メートル）、四番目も鈴鹿山系の雨乞岳《あまごい》（一二三八メートル）で、五番目に湖西側の比良山系の武奈《ぶな》ヶ岳がある。それ以外に近江において一〇〇〇メートルを越える山は、十五を数える。すなわち伊吹山系三、鈴鹿山系六、比良山系六であるがいずれも前述の山なみを形成している峰の一つである。それ以外の近江の山のほとんどが、三〇〇メートルから六〇〇メートル前後の比較的低い標高を数える。

近江の山の一つの特徴は、前掲の山系を外周にしてその内側に独立した、いわゆる独立丘山が多く分布していることである。なかには綿向山《わたむき》（日野町）・大箕山《おおみ》（余呉町）・己高山《こだかみ》（木之本町）・岳山《だけ》（高島市）・牛尾山《うしお》（大津市）などのように、完全な独立した山でなく、前述した山系の支峰的なところもあるが、古くから地域の人々から独立した山として取り扱われ、意識されてきた山も含んでいる。独立した山の周辺は、古くから人々が営みをしてきた平野部に囲まれ、どの方向からも眺望することができた。

山と古代遺跡

すでに述べたように古代から開けた霊山といわれている山が、近江には多い。その山をながめられる地域には、山の存在が早くから人々の居住を促した現象がみられる。

山は水をはぐくみ、祖霊の山の神が坐し、農耕・狩猟など人々の営みを支え守ってくれる重要なところであった。その山の山麓を中心に古代人の居住跡を示す多くの遺跡が築かれたのである。

早く開かれた近江には縄文・弥生・古墳・奈良・平安の各時代の遺跡が、県下全域にわたって分布している。なかでも本書で取りあげた山の山麓、もしくはその山が直近《まぢか》に眺望できる地域に遺跡が集中しているところが多い。ここでは比較的その顕著な事例をみてみよう。

まず湖東平野において最も美しい円錐形をした三上山は、山頂に神の宿った大きな磐座をもつ聖なる山として、古くから崇められてきた。山麓の里宮にあたり、神体山三上山の遙拝《ようはい》所でもある御上《みかみ》神社は、平安時代の『延喜式』神名帳にその名を列する古社である。

三上山の山麓の南部には、横穴式石室の円墳をもつ三上山麓古墳群、山麓一帯におよそ五〇基の古墳が分布する北桜古墳群、弥生時代から鎌倉時代まで続く住居跡が残る北桜遺跡群がある。三上山に北接する妙光寺山の山麓には、横穴式石室墳約二〇基の有する妙光寺山古墳群、御上神社周辺の約三十基からなる三上神社古墳群がみられる。

林博通氏の「野洲川右岸の遺跡地域圏」（『近江の古代遺跡』所収）によれば、三上山の南麓には、十六基の横穴式石室墳の桜生《さくらばさま》古墳群、弥生時代から平安時代までの集落遺構が検出された和田小篠原《こしのはら》遺跡、縄文時代後期から平安時代までの住居遺跡が発見された市三宅《いちみやけ》東遺跡などをはじめ、多くの古墳・遺跡が分布しているのがわかる。

野洲川の右岸の平野部にこれだけ多くの遺跡などがみられるのは、奈良時代の『古事記』にも登場する地域の豪族「近淡海之安国造《やすくにのみやつこ》」の本貫地であり、その居住範囲にあったことを示している。それとともに近くの聖なる山の三上山を十分に意識しつつ、日々の営みや、その他に奥津城《おくつき》（墓所）を求めていたことも推察することができる。

次に太郎坊山の山続きにある箕作山《みつくりやま》にも同様の現象がみられる。前掲の『同書』によると、箕作山の頂上部・中腹に多くの箕作山古墳群をはじめ、東麓の聖徳太子開基伝承をもつ瓦屋寺の参道口には、七世紀後半という瓦陶兼業窯の時雨《しぐれ》谷遺跡、山麓に十二基の古墳が確認されている建部《たけべ》古墳群がある。箕作山の西にある繖山の南麓には著名な瓢箪《ひょうたん》山古墳、東麓に正端寺古墳群・佐野山古墳群・善勝寺裏山古墳群、北麓にも北山古墳群・望湖古墳群・安楽寺古墳群などが集中してみられる。

また、高島市の岳（嶽）山の北麓には、横穴式石室積の音羽古墳群や、水尾《みずお》神社周辺の拝戸《はいど》古墳群がある。岳山の勇姿が最も見えやすい鴨川の南部の平野部には、前方後円墳で、明治三十五年（一九〇二）に家形石棺から金銅製の冠《かんむり》・沓《くつ》・金製の耳飾りなどが発見されたことで知られる鴨稲荷山《かもいなりやま》古墳がある。遺物は六世紀前半から中ごろのものとみられている。古墳は、この地の豪族近江三尾氏の族長墳墓とも推定されている。古墳の近くの鴨遺跡からは、縄文時代から古墳時代の土器や住居跡や、奈良時代の郡衙《ぐんが》（朝廷から郡に置かれた役所）跡が検出された。遺跡は柵・板塀・溝で区画されたもので、その中から「萬」「廣」「政所」「主」などと書かれた墨書土器が一〇〇点も出土。また、和同開《わどうかい》珎《ちん》・万年通宝などの銭貨も検出している。その遺跡の南の永田《ながた》遺跡からも木簡《もっかん》や木沓《きくつ》などが出土し、岳山を見上げる地で、長い年代にわたって人々の暮らしがあったことを物語っている。

さらに、比叡山の支峰牛尾山（八王子山）の場合も、その山麓にある里宮に

鴨稲荷山古墳（高島市）からみた岳山（昭和61年撮影　高島歴史民俗資料館提供）

あたる日吉大社東本宮一帯には、渡来系氏族のものと考えられる六十八基にのぼる横穴式石室積みの古墳時代後期の日吉神社古墳群がみられる。いわゆる古墳の分布は、日吉大社境内地に重なりあっている。聖なる山のその山麓が、周辺に住む人々の古墳が築かれ、山のもつ一つの特徴である祖霊信仰の現象の格好の見本であるともいえるだろう。

ここにはおもな山の例をあげたが、近江の山々の場合、それ以外にも多くの事例をみることができる。それだけに山麓において、早くから人々の営みが行われていたことを物語る。これだけで結論的なことはいえないが、古代から畏敬され聖なる山として認識されていた山と、古代遺跡の分布とは、密接な関係があったと考えてもよいだろう。

奥宮と里宮

美しい山容をした山や地域から崇められている山には、神が降臨したという巨岩の磐座や神の依代《よりしろ》に相当する大木《たいぼく》がある場合が多い。近江の場合、三上山・太郎坊山・牛尾山などをあげることができる。

たとえば三上山は、近江の山のなかで、ほぼ完全な円錐《えんすい》形をした最も美しい山容をしている。日本を代表する高山で、日本三大霊山の一つ富士山に山容が似ているところから、近江富士とよばれている。日本には各地に富士の名を冠した山が数多くあるが、なかでも三上山は人口に膾炙《かいしゃ》された山である。

ちなみに、寛政九年（一七九七）の『東海道名所図会』に「山の形、士峰ににたり、淡海富士という」とあり、また、大田南畝の享和元年（一八〇一）の『改元紀行』に、「三上山正面にあたりて、原吉原の駅より富士山見たらんがごとし。まこと都の富士というもことはりなり」とある。これによって江戸時代には、すでに近江（淡海）富士の呼称が存在していたことを示している。

すでに後述の「三上山」の項でふれているが、頂上には巨岩の磐座《いわくら》があり、傍に祠が建てられている。三上山は地域では「竜王さん」とも呼ばれ、地域の人によって頂上部で竜王まつりが年一回行われている。竜王は前述したように水の神をあらわし、農耕と密接な関係をもっていることで知られる。

三上山の山頂の磐座と祠が奥宮とよばれることに対し、山麓の御上神社は里宮である。「三上山」の項でも少しふれたが、本殿（国宝）の北側に扉があり、三上山を遙拝できる特異な造りとなっている。このように奥宮と里宮との関係を明確に象徴しているのは、全国的にみても類例が少ないと考えられる。まさに三上山は神体山にふさわしい相関関係を呈しているといえるだろう。

油日《あぶらひ》岳の場合も、山頂にある檜の大木と祠が奥宮に相当し、山麓に里宮にあたる油日神社がある。神社参道の入口には、油日岳を遙拝するところがあり、また、毎年九月十一日奥宮の傍の「岳籠《だけこも》り舎」では、世話人たちが夜を明かし、翌日灯明を里宮に移す「神迎え」の行事が行われている。古態を伝えるめずら

御上神社拝殿から三上山を望む

しい行事は、県下では油日神社だけである。

また、綿向山は標高一一一〇メートルの山頂に奥宮の祠があり、山麓の日野町村井に里宮の馬《うま》見《み》岡綿向《おかわたむき》神社が建てられている。毎年五月三日の例祭にあたる「日野祭」に先立って、四月二十日に頂上の奥宮に宮司・氏子世話人などがともに登山し、祝詞を奏上する「嶽祭り」が行われている。これも「神迎え」の儀式であろう。

さらに、牛尾山の場合も、山頂には巨岩の磐座と社殿があり、真下の山麓に里宮の日吉大社東本宮が鎮座する。奥宮と里宮とは山頂と山麓の関係であるが、前述した山々は山麓の里宮とは少し距離的な隔たりが見られる。しかし、牛尾山の場合は里宮を通って奥宮に登るという、まさに坂の上と下の関係にある。毎年四月十二日夜には、奥宮から二基の神輿を里宮へ坂道をかつぎおろす日吉山王祭の一つ「午の神事」が行われている。

これと同形式の祭礼として、毎年五月三日には、繖山の北峰の八王子山の頂上にある繖峰三神社の奥宮から、里宮へ向かって急坂を神輿をひきずりおろす「伊庭の坂下し祭」もある。太郎坊山も後述でのべたように、山頂近くに巨大な男岩と女岩が露出し、その奥に岩に接して太郎坊宮（阿賀神社）が建てられている。よくこんなところに建てられたと思うほど急崖にある。阿賀神社は奥宮にあたるが、その社名の呼称には「あが」「あがる」の音に「あがる」は高い位置にある磐座まで登ることを示すともいわれている。この奥宮に対して、少しはなれているが充分に太郎坊山が眺望できる地に、里宮の阿賀神社（東近江市野口町）がある。神社に接する船岡山にも巨岩群があり、その一つの岩に「あかねさす紫野行き標野《しめの》行き」ではじまる「万葉歌碑」がはめこまれている。いずれの山も神奈備山あるいは神体山とよぶにふさわしい山である。

比叡山と最澄

平安時代に入って前述の山岳信仰をふまえて、新たに山岳仏教が成立した。それは最澄・空海《くうかい》によって先導されたのである。

最澄像（米原市　観音寺蔵）

最澄については、「比叡山」の項でもふれたが、比叡山を眺望できる近江の地で生まれ、延暦四年（七八五）四月にかつて出家し得度をうけた近江国分寺の正式の僧となった。しかしその三カ月後突如として近江国分寺を去り、幼少時から仰ぎみていたふるさとの比叡山に入ったのである。

北に比良山系、南に長等山系との真中に位置する比叡山は、滋賀県と京都の県境をなしている。湖東とくに湖岸付近から、琵琶湖を前にながめる山なみは、いっそうすぐれ、なかでも空があかね色に染まる夕日が沈む前には、比叡の山の稜線がくっきりと浮き出され、思わず別世界にひきこまれ、ときを忘れそうになる（口絵参照）。比叡山の麓に数百にのぼる多くの古墳が、東にあたる琵琶湖に向かって築かれていることも、比叡山系の位置と深いかかわりをもっているように考えられる。

最澄が入った比叡山は後述しているが、『古事記』にも登場しているように、日枝山はすでに地主神《じしゅ》（産土神《うぶすな》）の大山咋神《おおやまくい》が鎮座していた。のち天智天皇が六六七年に近江大津宮遷都にともない、大和の三輪《みわ》明神を勧請《かんじょう》した。これによって地主神は小比叡神、三輪明神の大己貴神《おおなむち》は大比叡神とよばれるようになった。

このような神奈備信仰の対象となっていた比叡山は、最澄が山に入る前から山林修行者の人たちが草庵を結んでいたところであった。最古の漢詩集奈良時代の『懐風藻《かいふうそう》』によると、当時の近江国司藤原仲麻呂《なかまろ》が最澄が近江国分寺の僧になるはるか以前に比叡山に登り、父の藤原武智《たけち》麻呂が建てた禅処（草庵）跡を尋ねて詩をよんだとき、同行した麻田連《あさだのむらじ》陽春《す》が次の詩を唱和している。

近江は惟《こ》れ帝里、裨叡《ひえ》は寔《まこと》に神山。山静けくして俗塵《ぞくじん》寂《しづ》み、谷間《しづ》けくして真理専《もっぱら》にあり。於穆《ああうるわ》しき、我が先考、独り悟りて芳縁を闡《ひら》く。空殿《くうでん》空に臨《のぞ》みて構へ、梵鐘《ぼんしょう》風に入りて伝ふ。

これを訳してみると近江国はもと天智天皇の旧都、比叡山はまことに神山（霊山）である。山は静寂で俗界の塵《ちり》も静まり、谷間は閑寂で仏教の真理に満ちている。わが亡父は、ここに独り真理を悟って仏縁を開いた。仏殿は空に向かって高くそびえ、寺の鐘が風とともに伝わってくる、ということである。このことからみて八世紀初期には、すでに比叡山上に草庵というよりも仏殿や鐘楼が存在していたことがうかがえる。最澄は条件のそろったこの比叡山を修行の地として選んだといえるだろう。

そして、最澄は比叡山へ入る事情について、『叡山大師伝』に「心は弘誓《ぐぜい》に遊ばしめて、身を山林に遁《のが》れんとす。その年の七月中旬、繁華の所を出離して、静寂の地を尋ね求め、直に叡岳を登りて草庵に居す」とその動機を語っている。最澄は奈良の平地仏教の世相をみて、人跡はなれた深山幽谷《しんざんゆうこく》こそ、自らの修行の境地に入って行けると考え、それが比叡山であった。

それ以降最澄は山中において十二年間の籠山修行にふみだし、山修山学の姿勢を貫いたのである。

弘仁九年（八一八）最澄は、門弟たちを集め「我宗の学生は、まさに国の為に山修山学して、有情を利益し仏法を興隆すべし」（『叡山大師伝』）と告げている。また、『天台法華宗年分学生式』でも、学生は十二年籠山し修行する生活・修学を学則とし規定し、比叡山中における修行を重視していることがうかがえる。比叡山での籠山こそは、単に学問を修するだけでなく、自然と聖なる山での霊気にふれ、仏道を成就させる理念があったのでないだろうか。

最澄は、奈良時代に生まれた山林修行の伝統を継承しながら、比叡山という最高の場所を得て、籠山行を進め正しい仏道の実践を目標に新しい山岳仏教を確立したのである。

いっぽう空海も『三教指帰《さんごうしいき》』のなかに「あるいは金巖《こんがん》に登り、あるいは石峯に跨す」とある。すなわち奈良時代の『万葉集』に「み吉野のみ金の嶽」として登場する金巌は、金の御嶽《みたけ》とよばれていた大和の吉野の金峯《きんぷ》山のことである。金峯山は別名吉野山ともよばれ、平成十六年に大峰・熊野・高野山と並んでともに世界文化遺産に登録された。石峯は伊予（愛媛県）の標高一九八二メートルで西日本最高峰の石槌《いしづち》山のことである。ともに霊山として知られ、金峯山はその後の日本の修験道の中心道場の山となった。空海も修行のなかで奈良時代すでに霊山として存在していた金峯山・石槌山などで修行したうえで、高野山を根本道場として定めたと考えられる。

ところで、最澄のあとを継いだ高弟の円珍（智証大師）・円仁（慈覚大師）が、比叡山の三塔（東塔・西塔・横川）の三塔体制とともに教学の基礎確立に

回峰行の始祖　相応像（延暦寺蔵）

尽力した。

なかでも円仁は、籠山十二年のあと比叡山の静寂地横川《よかわ》に入り、数年間老杉の洞穴で禅定《ぜんじょう》の修行を送ったという。入唐求法のとき天台宗の祖山、中国の天台山（浙江省、中国仏教三大霊場の一つ）の巡礼を通して山林抖擻《とそう》を重ね、帰国後、最澄の主唱する山学山修を推進したのである。その一人が円仁の門弟相応《そうおう》（八三一～九一八）であった。

相応は、近江浅井郡に生まれ、最澄の遺訓にしたがい籠山十二年の修行中に、さらに身を律するため修行地を求め、まず比叡山の南岳（東塔無動寺谷）に草庵を結んだ。相応はここで日々峰々を巡礼し、練行苦行を積む。より深遠の山地を求め、貞観元年（八五九）に比叡山系の北に位置する雄大な比良山系に入り、比良山系の飛瀑《ひばく》が掛る葛川《かつらがわ》谷の聖地を見つけ三カ年の参籠生活にはいり、不動明王を感得した。これが比良山麓の大津市葛川坊村町の葛川明王院の始源である。その後相応は、再び無動寺谷にもどり、一堂を建立し不動明王像を安置した。それが無動寺谷の無動寺の草創にあたる。

ところで相応によって比叡山の回峰行《かいほうぎょう》が樹立されたのである。比叡山東塔の無動寺谷に住居した相応は、毎日花、樒《しきみ》を供えるために延暦寺中心堂舎の根本中堂に七年間一日も欠くことなく通ったことが、回峰行のはじまりとされている。

のち回峰行は比叡山の三塔の諸堂を巡拝することになった。この意味からも回峰行は、大峯山・金峯山などと同じように山岳修験の一つであり、天台修験道ともいえる。

千日回峰行とよばれる場合は、毎年百日間を八カ年かけて繰り返し厳しい修行をすることである。そして一日の比叡山中の諸堂の巡拝の距離は、七里半（約三〇キロメートル）といわれている。光永覚道氏の『回峰行を生きる』によれば、千日のうち七百日までは自分自身が修行する自利《じり》行。それ以降は、他人の世話によらないとできない化他《けた》行とよばれている。

回峰行は、定められた期間毎日同じコースを巡拝することになっているが、日々生きている「山川草木悉有仏性」の様相を肌に感じながらの修行は、あたかも自然の生態とともに歩む実践行である。そのことからいえば、すでに前述したように、回峰行は最澄の籠山十二年とともに山学山修の思想の実践を行っている格好の事例といえるだろう。この回峰行は、現在でも比叡山無動寺谷においてその伝統がしっかりと継承されている。

いっぽう、最澄の御廟《ごびょう》（墓所）のある浄土院では、現在も最澄に仕える浄土院十二年籠山行が行われている。籠山僧は、院内の掃除とともに最澄の墓前に一日二度食事を献ずるなどの厳しい修行である。

また、琵琶湖の西岸沿いに北東から南西に連なる壮大な比良山系（以降比良山）は、比良明神の住む霊山として、古代から山岳信仰をもった山としてみられてきた。

平安時代の『梁塵秘抄《りょうじんひしょう》』に「聖《ひじり》の好む物、比良の山こそ尋ぬなれ、弟子を遣《つかわ》して松茸・平茸・滑薄、さては池に宿る蓮の這根《はいね》（下略）」とある。比良山は、すでに山林修行者が草庵を結ぶにふさわしいところとして広く知られていたことがわかる。

現在比良山麓には、「比良山」という山号をもつ寺院が数ヵ寺あるが、そのうちの比良山福伝寺《ふくでんじ》（志賀町北比良）には、「宝物縁起」がある。これには寺院の創建についての由緒について記されているので、少し長いが引用してみよう。

昔ハ比所ニ智行兼備ノ僧座ス。徳ヲ隠シテ山居シ玉フコト数年、杣人《そまびと》来テ常ニ供養ニ奉ル。冬ノ日雪深クシテ杣人ノ通フ道絶タリ、山神杣人ノ形ニ化《ば》ケ来テ食ヲ参シケリ。此山神ノ住所ヲ仙人林トナズク。其庵室ノアト暫《しばら》ク断絶シケルヲ、横川ノ先徳恵心《えしん》僧都是ヲ中興ス、旦那波羅密多《だんなはらみった》山福田寺ト号シ玉フ

とある。江戸時代には「比叡山三千坊・比良山七百坊」（『淡海温故録』）とよばれているが、比良山七百坊の一つという伝承をもつ福田寺は、もとは比良山の山頂部にあったが、元亀の兵乱のあと山麓の現在地に移されたという。いまも比良山中に檀他《だんだ》坊の廃寺跡があるといわれている。

比良山中の檀他坊のあった場所については、前述の縁起の年代は随分とくだるとはいえ、比良山の神・仙人が住むところであったことがうかがえるだろう。

このほか比良山中には、壇他坊跡以外に木戸寺屋敷跡・西勝寺野・大物歓喜《だいもつかんき》寺跡・法善寺跡などの呼称が残されている。

そして、比良山系の蓬莱《ほうらい》山（標高一一七四メートル）から南の権現山（標高

九九五メートル）へ行く途中に、伝説の池として知られる「小女郎《こじょろう》が池」がある。標高約一〇六〇メートルという高いところに、これだけの大きな池が存在していることについて常に不思議に思っている。しかもどのようなときにも水枯れしたことがないという。江戸時代・明治時代には、長い間雨が降らない旱《かん》魃《ばつ》が続くと、雨乞いをするために山麓の人々は「雨たもれ小女郎が池」といいながら登山したことが伝承されている。近江ではこれ以外に標高のある山中では、雨乞いの池として霊仙山のお虎ヶ池（権現池）も著名である。

また、小女郎が池の南にある権現山は、名称からもうかがえるように水の神が宿る霊山として知られていた。南都の僧静安《じょうあん》が、権現山の山中に妙法寺、最勝寺を創建し、承和九年（八四二）には両寺に妙法蓮華経・金《こん》光《こう》明《みょう》最《さい》勝《しょう》王《おう》経《きょう》の両経を読誦する人が置かれたことが『三代実録』にみることができる。なお、静安は比良山麓の和迩《わに》の船瀬を修築したことでも知られる。いずれにしても比良山系の一つ権現山も、山岳信仰から山岳寺院を生む母胎となったことがうかがえる。

比良山系の標高約1060メートルにある「小女郎が池」

仏教文化圏

古代の山岳信仰として地域の人々から、すでに意識されていた山が各地にみられる。奈良時代には、奈良仏教いわゆる平地仏教が栄えたが、それとともに、いっぽう萌芽した山林修行者たちも輩出した。

彼らは、各地の山中を修行場として草庵を結んだ。その影響をうけて近江の場合もその事例を各地でみることができる。いわゆる奈良時代から平安時代にかけての山林修行者の役行者《えんのぎょうじゃ》（役小角《えんのおづぬ》）・行基《ぎょうき》・泰澄《たいちょう》・三修《さんしゅ》などの開基の伝承をもった寺院が多いことが注目される。また、南都仏教を支えた良弁《ろうべん》（金粛菩薩）や聖徳太子の開基を伝える寺院も少なくはない。ここで具体的な例をあげてみることにしよう。

まず、標高九二三メートルの湖北の己高山《こだかみやま》は、伊吹山地から西（琵琶湖側）

の平野部に伸びた山のなかで最も高い山だ。そのために比較的に湖北のどの場所からもながめることができる。それゆえに地域の人々の営みと密接な関係があったのであろう。

室町時代の応永十四年（一四〇七）に編纂された「己高山縁起」（滋賀県指定文化財）によると、己高山が近江国の鬼門（東北）にあたり、奈良時代に僧行基が修行地として草庵を結んだところからはじまる。

のち石川・岐阜の両県にまたがる白山《はくさん》（標高二七〇二メートル、富士山・立山と並ぶ日本三霊山の一つ）を開き、「越《こし》の大徳」とよばれた泰澄（六八二？〜七六七）が己高山に入り修行道場とした。己高山からは、東北の方向に一段と高い白山を眺望できる位置にあった。

そのあと平安時代に入って、比叡山を開いた最澄が己高山で修行中に、礎石跡から十一面観音像の頭部を発見。最澄は頭部に続く胴体部を自ら彫る。そのとき現れた白山白翁の指示を受けて鎮守として、白山の十所権現像を勧請《かんじょう》したという。これが縁起のあらましである。

この十所権現像は、平安時代から江戸時代までの長きにわたってつくられ現存している。すなわち日吉大宮（猿猴《えんこう》像）・横山大明神（馬頭《ばとう》観音像）・白山大権現（十一面観音像）・伊香具《いかぐ》大権現（地蔵菩薩像）ら十躯に及ぶ。括弧内は本地仏《ほんじぶつ》（仏が衆生済度のために仮の姿をとってあらわれた垂迹《すいじゃく》身に対し本源の仏をいう）を示す。いずれも権現像は、滋賀県指定文化財となっている優品である。

　このように己高山は、行基・泰澄・最澄といった古代を代表する山林修行僧によっての開基伝承を、系統的に知ることができる。まさに己高山は山岳仏教の変遷を示す好例の一つといっても過言ではない。

　ところで、かつて己高山には五ヵ寺（法華《ほっけ》寺・石道《しゃくどう》寺・観音寺・高尾寺・安楽寺）があり、なかでも観音寺が己高山を代表する寺院とし、その別院に飯《はん》福《ぷく》寺・鶏足《けいそく》寺・円満寺があった。しかし、現在では鶏足寺を残して廃寺となり、後述の「己高山」の項で述べたように、山頂近い標高約八〇〇メートルのところに、宏大な鶏足寺旧跡がひっそりと残されているだけだ。

　ただし、鶏足寺をはじめとする己高山五ヵ寺と別院にかつて保存されていた仏像などの文化財の多くは、幸いなことに山麓の己高閣《ここうかく》・世代閣《よしろ》とよばれる展

木心乾漆造 十二神将立像（重要文化財　鶏足寺蔵）

示を兼ねた収蔵庫においてみることができる。どの文化財も優品ぞろいである。いずれの収蔵庫は、地元の木之本町古橋《ふるはし》区の人々によって、現在に至るまで長くにわたって大事に守られている。

収蔵庫のなかで特筆すべき文化財は、木造薬師如来立像の重量感あふれる巨像と乾漆《かんしつ》十二神将立像一〇躯である。いずれも造立年代は、己高山の開基伝承と同じ時期にあたる奈良時代までさかのぼる。

乾漆は、漆《うるし》をつかう乾漆造のことで、大和（奈良）の平城京において仏像制作の技法として、木造・石造などが開発された。その一つの技法が乾漆造である。この技法は木心《もくしん》乾漆像ともよばれ、木で心をつくり、木屎漆《こくそうるし》（木のおがくずを生漆《きうるし》に小麦粉を混ぜて粘りを出したもの）というペースト状のものを、木の上に盛りあげて塑形《そけい》をしていく独特の技法のことである。

奈良時代に生まれた乾漆造の制作は、その後長く続くことなく奈良時代から平安時代初期という短い期間に限られたといわれている。現在その遺例がみられるのは全国的に少なく、奈良県以外で近江では余呉町の菅山《かんざん》寺の十一面観音立像を含めてわずか四例にすぎないという。

遺例は少ないが近江に存在しているということは、奈良時代において近江の山の多くは、南都につらなる山林修行者によって開かれ、乾漆像を制作するうえで南都との深いかかわりがあったことを推察することができる。このほか収蔵庫内には、重要文化財・県指定文化財となった優品をはじめ数多く保存展示され、かつての繁栄ぶりの一端をうかがうことができよう。

また、両収蔵庫以外に己高山の山麓南の木之本町石道《いしみち》にある石道寺《しゃくどうじ》にも、後述で述べているが、地元の人々に大事に守られている貴重な文化財がある。観音堂内には著名な木造十一面観音立像をはじめ平安時代の木造持国天立像・同多聞《たもん》天立像や室町時代の刺繍《ししゅう》種子《しゅし》幡《ばん》十四疏が保存され、いずれも国指定の重要文化財である。

このように己高山の山麓で、数多くのすぐれた文化財をみるにつけても、己高山という一つの山が、文化財を生み出す母胎となったことを明確に証明しているといってよいだろう。

次いで甲賀市の飯道山をみてみよう。後述の「飯道山」の項にも述べられているように飯道山は水口丘陵・蒲生野までも含めて見渡せる位置にある。近江の大峯山とよばれた著名な山だ。

標高六六四・二メートルの頂上部には、神の影向《ようごう》をあらわす巨岩の磐座が露頭し、神奈備山として古くから地域の人々に崇められてきた。『近江輿地志略』によれば、飯道山は山林修行者の第一人者の役行者の開基とされ、飯道寺は和銅七年（七一四）に金勝寺の安敬（安交）が中興したという。飯道寺はそれ以降金勝寺の管理下に置かれていたのであろう。

中世には、飯道山は修験道の熊野三山との関係を深め、飯道山の梅本院・岩本院は、全国の修験道当山派山伏を支配する正先達《せんだち》寺院三十カ寺に属していたといわれる。飯道寺は室町時代初期には僧房五十八という多くを数え、『信長公記』によると天正九年（一五八一）には織田信長も飯道山に入っているほどである。

飯道寺は、飯道神をまつる飯道神社の神宮寺として発展したが、のち廃寺となった。明治二十五年（一八九二）に飯道山の山麓の甲賀市水口町三大寺の日吉神社隣にあった本覚院《ほんかく》を飯道寺として、その法灯を継いでいる。当寺には平安時代の木造十一面観音立像や鎌倉時代の地蔵菩薩立像が安置され、いずれも

飯道神社本殿（重要文化財）

重要文化財に指定されている。

いっぽう、飯道山の信楽側の登山道の上部には飯道神社本殿（重要文化財）がある。かつて本殿下から平安時代の毛彫《けぼり》阿弥陀如来や平安時代以降の紀年銘をもつ懸仏《かけぼとけ》が数多く発見されている。注目すべきは懸仏の多くは本地仏の釈迦如来・阿弥陀如来・薬師如来の三尊像が刻まれ、神仏習合の情況を明らかにしているといえよう。

飯道山の山なみは、大納言（標高五九六・一メートル）・阿星山（標高六九三メートル）へと西へ続く。阿星山は近江南部では最も高い山で、山頂部には湖南の各地からもみられるように無線アンテナの基地となっている。

阿星山も後述しているが、飯道山・岩尾山・瓤山などのように巨岩の露出したところは少ない。奈良時代に僧良弁が阿星山中で修行し、聖武天皇の皇子誕生を祈願したところであった。その由緒によって山麓に新たに伽藍《がらん》を創建し、行基に命じて地蔵菩薩像を彫らし安置したのが湖南市東寺《ひがしでら》五丁目の長寿寺のはじまりである。阿星山の山麓にある同市西寺六丁目の常楽寺も阿星山と号し、開基は良弁とも伝えられている。

奈良時代の草創という伝承をもつ両寺は、中世に焼失の危機に遭遇したが、その後復興され現在では県下有数の貴重な文化財の保有寺院である。ちなみに天台宗の長寿寺・常楽寺の本堂は、鎌倉時代につくられた典型的な天台形式の様式を呈し、ともに国宝に指定されている。

国の重要文化財指定としておもなものをあげると、長寿寺には平安時代の丈《じょう》六《ろく》阿弥陀如来坐像・木造釈迦如来坐像、鎌倉時代初期の絹本《けんぽん》著色十六羅漢《らかん》像十六帖、常楽寺には平安時代の木造釈迦如来坐像、鎌倉時代の木造千手観音坐像・木造二十八部衆立像・絹本著色浄土曼荼羅《まんだら》図などあげれば枚挙にいとまがないほどだ。

このように阿星山の山麓にある長寿寺・常楽寺の指定文化財をあわせると国宝三件、重要文化財十八件、重要美術品一件、県指定文化財三件を数え、文化財の宝庫といっても過言ではない。

三上山の東南に美しい山容をした菩提寺山（標高三五三メートル）があり、竜王山ともよばれている。山の中腹部に天平三年（七三一）、近くの金勝《こんしょう》寺（大菩提寺）を開いた良弁が少菩提寺を草創し、のち願安が中興したと伝える。

中世には、三十六の僧坊をもつ寺院として発展したが、元亀の兵火で焼失。「廃少菩提寺」（国史跡）のあったところに仁治二年（一二八一）の刻銘のある石造多宝塔がある。また、菩提禅寺には、平安時代の木造阿弥陀如来立像（重要文化財）が保存されている。

長命寺山についても後述しているように山頂近くに、そして眼下に琵琶湖を眺望できる景勝の地に長命寺がある。長命寺の場合、本堂・三社権現堂などの背後に目を見張る巨岩は、「六所権現影向石」とよばれ、神の宿るものと意識されていた。原始信仰のあった長命寺に武内宿弥が山を開き、のち聖徳太子が堂舎を建立したと伝えている。このことからも現在の長命寺が誕生した経緯を知ることができる。

現在では陸続きとなっているが、かつて島として存在していた長命寺とそれに連なる北津田山の山容は、見る方向によっては美しい円錐形をなし、古くから神の山、あるいは湖上からの格好の目標として見られてきたのだろう。多くの目が注がれた山に長命寺が創建され、のち庶民信仰の集約ともいうべき西国三十三所観音霊場の札所となった。これは安土町の繖山の観音正寺も同様のこ

巨岩の六所権現影向石と長命寺の伽藍

天吉寺山にある大吉寺跡の鎌倉時代の宝塔

とがいえる。

長命寺本堂内には、平安時代の千手観音立像・十一面観音立像、鎌倉時代の聖観音立像の三尊一体が安置されている。いずれも優品で重要文化財である。

湖北の草野川の上流に天吉寺山《てんきちじ》があるが、その中腹には役小角が開いたという大吉寺跡がある。現在その寺跡に源頼朝供養塔と伝える建長五年（一二五一）紀年銘をもつ石造宝塔。また、山麓に移された大吉寺には、平安時代の木造聖観音立像が安置されている。

多い文化財数

近江の山の存在が果たした役割の一つは、多くの文化財を生んだことにある。その内容について若干ふれてみよう。

滋賀県の国指定の重要文化財（国宝を含む）数は、平成十七年（二〇〇五）

四月二十日現在で七九九件を数える。これは京都・奈良・東京都に次いで全国第四番目に多い。実際にその場所にあるといういわゆる在地性からいえば、全国で第三位である。重要文化財数には国の無形文化財・民俗文化財・史跡名勝天然記念物・伝統的建築物群保存地区・選定保存技術者合わせて七十九件は除いている。

国指定重要文化財のうち彫刻三七二件、絵画九十九件、工芸六十三件、書跡・典籍・古文書七十二件となっている。ここで取りあげる近江の彫刻の内容は、仏像が中心であるが、おおよそ次の種類に分けることができる。

釈迦・阿弥陀・薬師・大日の各如来

観音（十一面・千手・聖《しょう》・如意輪《にょいりん》・馬頭《ばとう》・不空羂索《ふくうけんさく》・准胝《じゅんてい》）・地蔵・勢《せい》至《し》・文殊《もんじゅ》・弥勒《みろく》・普賢《ふげん》・虚空蔵《こくうぞう》・日光・月光の各菩薩

不動・愛染《あいぜん》の各明王

毘沙門《びしゃもん》・大黒《だいこく》・帝釈《たいしゃく》・多門・持国・増長《ぞうちょう》・四天王・吉祥《きっしょう》・弁才（財）の各天部

最澄（伝教大師）・円珍（智証大師）・良源（元三大師・慈恵《じえ》大師）・聖徳

国・県指定文化財件数

（平成17年4月20日現在）

種類＼国県別	国宝		重要文化財		滋賀県指定
	全国	滋賀県	全国	滋賀県	
建造物	212	22	2,269	179	68
絵画	157	4	1,940	99	34
彫刻	125	4	2,601	372	72
工芸品	252	4	2,393	63	39
書・典・古	282	20	2,555	72	59
考古資料	40	1	545	9	7
歴史資料	1	0	132	5	6
総数	1,069	55	12,435	799	285

参考『滋賀県文化財目録』
註　重要文化財件数には国宝を含む。表中の「書・典・古」は書蹟・典籍・古文書の略

太子・寂室元光《じゃくしつげんこう》・空也《くうや》などの各祖師像

このほか仏頭《ぶっとう》・十二神将・十六羅漢《らかん》・神像・維摩居士《ゆいまこじ》などもその範囲に入るだろう。

これらの彫刻のなかで、その制作年代がいまから約一三〇〇年前から六六三年前までさかのぼる、いわゆる奈良・平安・鎌倉の各時代の仏像が三二〇件を数える。これは彫刻分野における滋賀県下の重要文化財数の九十パーセント以上を占めるという多さである。国指定の重要文化財について略述したが、それに劣らない優品の滋賀県指定文化財が、二八五件もありそのうち彫刻は七十二件を数える。そのほとんどは、国指定と同様に仏像が中心である。

このように古代・中世に造像された仏像が、古代末から戦国時代にかけて、幾多の戦乱の舞台となった近江の地で、これだけよく残されてきたものだと驚きに価する。戦乱のときに仏像を村人が土中や川に埋めたり、山へ持ち出したりしたという話がいまも伝承されている。それはまさしく、地域の人々の厚い信仰と文化性に支えられて、大事に守られてきたといっても過言ではない。

すぐれた各仏像が、滋賀県下全域に散在していることも注目すべきことであるが、どちらかといえばブロックごとに仏像が集中していることだ。たとえばすでに述べたように比叡山・金勝山・阿星山・長命寺山・湖東三山・己高山などの山を中心にそれぞれ仏教文化圏が形成されているといえるだろう。

比叡山の例をとれば、山頂部・山麓には、国の重要文化財指定の平安時代の木造聖観音立像・木造不動明王坐像など十三躯を数えている。このように古代・中世の仏像などが集中しているところは、後述でも取りあげた近江の山々である。

前述したように古代において山岳信仰としてあがめられてきた山の存在が、奈良時代に山林修行者の来住を促す契機となった。そのあと平安時代の山岳仏教の影響を受けて、近江の山々の山頂部・中腹・山麓に伽藍が建立されたのである。

そして、伽藍の本尊として仏像が刻まれ、安置されて、地域の人々の信仰のシンボルとなって守られてきたのであろう。なかには長い歳月のなかで、もとの伽藍はないが、集落の観音堂・薬師堂・地蔵堂などで貴重な仏像を地域の人々が守っている現況を県下各地でみることができる。いずれにしても、近江の山が、多くの文化財の優品を生んだ背景となったことには間違いないと考えられる。これが、近江の仏教文化の一つの特徴といえるだろう。

山と民俗行事

近江は、周囲山に囲まれた地形であることはすでに述べた。地域の人々は、古くから山と深いかかわりの中で、日々の営みを行ってきたのである。山への祈りも大きな行為であった。その一つに民俗行事の山の神行事や太鼓踊りがある。

山の神行事は、ほかの民俗行事に比べて、その内容は多種多様であるが、どちらかといえば二つの要素が包含されているように考えられる。すなわち水を司り豊穣をもたらす水神的性格をもつものと、生活の糧を求めた地域共同体の継続をあらわすものがある。いずれも山の神行事は、地域の人々の山に対する祈りを共有する儀礼的要素が多い。

山の神行事（大津市田上枝町）

この行事は、全県的に見られるが、とくに湖南・湖東・湖西には数多く集中している。その開催日・祭場・祭祀の方法などは、それぞれ異なっているが、素朴な神まつりの故態を有しているといえよう。ここで一つの事例として太神山（田上山）に水源をもつ天神川沿いで行われる大津市田上枝町《たなかみえだ》の山の神行事をみてみよう。

同町では、太神山に通じる山麓の森のなかで、毎年一月の初寅《はつとら》と十二月の初寅の両日に行われる。一月の場合は、まずジャナワ（蛇縄）を作り、山の神行事の登場入口に懸ける。供《そな》え物のほかに男の人形、いわゆる長さ一メートルほどの二股をした樫の木に、樫の木をバナナ状にけずり細工をした男根を付け、それには人間の顔のように目鼻口を書き入れる。それを年輪を経た杉の根元に安置。近くに毎年つくられた男の人形が何体もみられる。

そして、つくられた壇の上に山の神への供え物を置く。当日午後六時ごろから、集落の人が集まり、焚火《たきび》を中心に腰をおろして談話をする。当番から料理された魚の一片を渡され、人々は餅とともに火であぶりながら食べる。

行事の最後に、腰をおろしていた藁《わら》を焚火の中に投げ入れ大きな火にする。

そこへ御幣《ごへい》を投げ入れ、それが焚火によって高く上昇すればその年は豊作という。焚火がおさまると、焚火の後始末をしないで、人々は祭場をあとにする。

これについては、かつて忘れものをした人が祭場にふたたび戻ったところ、焚火のまわりに白髪の尉《じょう》と姥《うば》が話をしていた。いわゆる尉と姥は山の神にあたる。焚火のあとの火は山の神が守ってくれるので、火事にならないということが現在まで語り継がれている。山の神を地域の人々との深いかかわりをいまに伝えている貴重な伝承であろう。

それはともかく、近江には山の神行事と同じように、太鼓踊りが数多く伝えられている。ちなみに、指定されたものをあげても国選択無形民俗文化財三件、県指定無形民俗文化財四件、県選択無形民俗文化財十六件を数える。

太鼓踊りの大部分は、産土神に豊穣を祈るものである。そのなかで雨乞いあるいはその返礼を目的に太鼓を打ち踊ったという伝承も多く残されている。

なかでも伊吹山の山麓の旧伊吹町・旧山東町の各集落に数多くみることができる。とくに米原市春照《すいじょう》の「太鼓踊り」は、伊吹山とのかかわりを色濃く残している。この踊りには、二〇〇人を越える集落の人が参加し、長い行列が旧北国脇往還《わきおうかん》筋を八幡神社まで練り歩く様相は圧巻である。太鼓を打ちながらの行列のなかには法印・山伏姿の人が含まれ、伊吹山の修験道の系譜をいまに伝える注目すべき太鼓踊りといえる。

また、伊吹山の登山口にあたる同市上野の太鼓踊りは、「伊吹山奉納太鼓踊り」という行事名が冠されたのぼりが使用されている。かつては人々が雨乞い・返礼のために伊吹山に登山していたといわれている。そして近くの伊夫岐《いぶき》神社には、雨乞いのときに使用されたと伝える桃山時代につくられた「天狗面」の優品が伝承されている。

そのほか大鼓踊りではないが、雨乞いに関する伝承が各地に残されている。山でいえば比良山の小女郎が池、霊仙山のお虎ヶ池、日野町竜王山の雨乞石、鈴鹿山系の雨乞岳、鏡山の俗称雨乞岳などがある。なかでも標高一〇八四メートルの霊仙山の頂上近くにあるお虎ヶ池は、権現池ともよばれ雨乞いの池として知られている。クマザサに囲まれ鳥居のある池は、いままで水枯れすることもなく、いまも参拝する人のために、地域の人々によって草刈りが行われ守られているという。

米原市春照の「太鼓踊り」

霊仙山の山頂部にある「お虎ケ池」

山と庭園

庭園は一定の区画のなかで自然と深いかかわりをもち、移りゆく四季のうつろい、およびそれぞれの自然観を表現するために人工的につくられてきた。

庭園の歴史は古く、すでに平安時代の史料に登場するが、京都を中心に庭園文化が繁栄を迎えたのは、室町時代になってからである。それ以降庭を愛する人たちが増え全国に広まった。

庭園の種類には池泉（池庭）、枯山水《かれさんすい》（水を少しも使用しないで水を白砂などで表現）、露地《ろじ》（庭門から庭の中央部に通ずる園路沿いの細長い空間）といった大きく三つに分類することができる。その見方として鑑賞式と回遊式が主流を占めている。

池泉の場合は、一般に池の中に亀島・鶴島を配し、築山《つきやま》や石橋・飛石・敷石《しき》を設けていることが多い。大きくいえば近江全体が、典型的な池泉廻遊式の庭園だ。真中に池泉ともいうべき雄大な琵琶湖があり、沖島をはじめとする島々が点在し、橋が架けられ美しい山なみに囲まれ、その間を道などによって回遊することができる。まさに近江は山水の世界を表現しているといってよい。

ところで、庭園のなかに前述したように人工的に築山を配することが多い。それ以外に借景《しゃっけい》の手法を用いた庭も各地に見ることができる。その場合は、建物に接するように池泉や枯山水の庭を置き、限られた区画を越えて遠方の山・林・近くの竹林などがメインとなる。近江の庭園の借景の対象として三上山・比叡山・伊吹山・比良山などの山々がはいっている。ここでその事例をみてみよう。

大津市堅田の湖畔の居初《いそめ》家には、天然図画亭《てんねんずえてい》とよばれる建物と庭園がある。江戸時代中期の天和元年（一六八〇）茶人の藤村庸軒《ようけん》と地元の郷士の北村幽安《ゆうあん》の合作と伝える。庭園の東側に琵琶湖が広がり、その対岸に三上山をはじめとする湖東の連山をみることができる。みごとな借景庭園だ。この地からの眺望は、大きな広がりをもって私たちの目をたのしませてくれる。この引き込まれ

大津市居初家の天然図画亭庭園

そうなすばらしい庭園は、国指定名勝となっている。

大津市園城寺町《おんじょうじ》の法明院庭園は、高台にあるために眼下に琵琶湖、そして遠くみえる三上山・伊吹山・比叡山を借景にして構成されている。同市中庄《なかしょう》の近代日本画壇の巨匠故山元春挙《しゅんきょ》の別荘であった枯山水庭園「蘆花浅水荘《ろかせんすい》」も借景に琵琶湖・三上・太神（田上）・比良・比叡の山なみを取り入れたスケールの大きい庭だ。

また、長浜市の大通寺《だいつうじ》には、近世初頭の客室の含山軒《がんざん》と蘭亭《らんてい》があり、国の重要文化財に指定されている。とくに狩野山楽《さんらく》・狩野山雪の障壁画のある含山軒の名称は、この部屋から伊吹山の雄姿を意識して付けられたものと考えられる。枯山水の庭園を目の前にみて、木の間からはるかに眺望できる借景の伊吹山は興趣に富んでいる。

このほか栗東市林の新善光寺庭園は、三上山・菩提《ぼだい》寺山を借景にした枯山水庭である。近くの大角《おおすみ》家の旧和中散《わちゅうさん》本舗（国指定史跡）に付随している建物に、池泉鑑賞式の庭園があるが、庭の南東には美しい山姿をした山を借景としてみごとに取り入れている。

京都の左京区岩倉の円通寺《えんつう》は、比叡山を借景にした枯山水庭園として著名である。全庭蘚苔《せん》におおわれ、生垣の東に真正面にみえる比叡山は、一幅の絵をみているようにすばらしい。

このように近江の山は、庭園の構成として欠くことのできない要素となっていることを示している。もともと庭園は、大自然に模して人間が人工的につくり限られた小自然の世界である。なかでも借景庭園は、その枠を出て大自然そのものに含まれた雄大な庭といえるだろう。そして、美しい山容をした近江の山々が、庭園の構成に大きな役割を果たしていることを垣間みることができる。

山と文学作品

山は自然景観に欠くことのできない構成要素である。日本において「山川草木」は自然観の象徴の一つとして意識されてきた。そして山は独特の存在として、早くから私たちの意識の中にとり入れられてきた。その一つの現象が文学作品にみる山々であろう。ここで文学作品に取りあげられた近江の山の例をみてみよう。

まず日本最古の歌集奈良時代の『万葉集』に、近江の山として相坂山・比良山・高島山（岳山）・田上山（太神山）・大葉山・鳥籠《とこ》山（大堀山）・朝妻山・塩津山・伊香《いかご》山・石辺《いそべ》山・沖つ島山・有乳《あらち》山（愛発山）などがあげられている。どちらかといえば、本書でとりあげた山のなかで標高の高い山は比良山や岳山・太神山ぐらいで、ほとんどがそれよりも低い山が登場している。歌人にとっては、印象深い山であったことがうかがえる。『万葉集』に次の山が詠まれている。

「さざなみの連庫《なみくら》山に雲居《い》れば　雨そ降るちふ　帰り来《こ》わが背《せ》」、その意味は近江の比良山に雲がかかると、雨が降るという早く帰ってくださいあなたということだろう。連庫山は比良山系のことであるが、古代の人々にとって山が、すでに変わり行く天候の予知を知らす格好の目じるしになっていたことを物語っている。これと同様の伝承が、甲賀市の飯道山でも伝わっているが、近江のほかの山にもこのような例があるのかもしれない。

「旅なれば夜中に指して照る月の　高島山に隠らく惜しも」の歌がある。大意は旅をしているが、夜中の方向をさして照っている月が、高島山（岳山）に隠れることが惜しいということだろうか。この場合前述と同じように高島山が、旅をする人々にとってすでに認知されていたことがうかがえる。

次に「伊香山野辺《いかごやま》に咲きたる萩みれば　君が家なる尾花し思ほゆ」の歌がある。これは伊香山の野辺に咲いている萩をみると、あなたの家の尾花（すすき）が思われるという意味である。この歌に詠みこまれている伊香山は、その場所は明確でないが、おそらく木之本町大音《おおと》にある伊香具神社の裏山をさすのであろう。神社は、平安時代の「式内社」に登場する古社で、鎮守の森のうしろに、標高約一五〇メートルの横長く美しい山がある。この山と連なる西には、標高四二三メートルの賤ヶ岳がどっしりと構えている。その北麓には、神秘の湖の余呉湖が静かにたたずむ。古くは「伊香小江《いかごおえ》」とよばれていた。

また、彦根市の鳥籠山は大堀山ともよばれているが、『万葉集』に「淡海路の鳥籠の山なる不知哉《いさや》川　日のころごろは　恋ひつつもあらむ」とある。その大意について藤井五郎氏の『近江の万葉』によれば「近江路の鳥籠の山を流れる不知哉川の名のようにさあどうでようか、このごろ恋しくて思っていてくださるでしょうか」とある。

この歌に出てくる鳥籠山は、すでに奈良時代の『日本書紀』に登場している。すなわち六七二年の壬申《じんしん》の乱のとき、鳥籠山が大海人皇子軍（吉野軍）と大友皇子軍（近江軍）との戦場となり、近江軍が敗れたことで知られる。のち平安時代の「延喜式」や室町時代の兎庵《とあん》の『美濃路紀行』にもその名がみえる著名な山だ。

この山がよく知られた背景には、鳥籠山の傍を東国と西国を結ぶ、日本の幹線道にあたる東山道（近世では中山道）が通っていたこと、鳥籠山は標高一四五メートルという低い山であるが、三角錐の美しい山容のうえに、平野部の独立丘であるため、周辺からもよく目についたことが考えられる。これも前述したように鳥籠山も、周辺の人々や旅をする人々の格好の目印として認知されていたことを示している。

『万葉集』以降につくられた和歌集・物語・紀行・日記・随筆などにも、近江の山々が数多く登場している。たとえば長等山・音羽山・比叡山・国分山・鏡山・三上山・観音寺山（繖山）・布引山・箕作山・岩根山・荒神山・佐和山・大岡山・夏見山・岡山・彦根山・小谷山・虎御前山・伊吹山・己高山・刀根山・賤ヶ岳などがある。これも本書に取りあげた山以外の山が、多く含まれていることが注目される。

例をあげると、鎌倉時代の貞永元年（一二三二）の「新勅撰和歌集」に「遙なる三上の嶽をめにかけて　幾瀬わたりぬ野洲の川波」（藤原良経）がある。三上山はこれだけでなく、名山にふさわしく多くの作品に登場する。また、小堀遠州の紀行文の『遠江守《とおとみのかみ》政一紀行』に「語て行々鏡山を見れば　時雨《しぐれ》の雲にかくれたり。心ありて時雨にくもる鏡山　やつれぬる身の影を見せじと　かくいふと雲はれて曇りなし」と旅をしている途中で見た鏡山を綴っている。

それはともかく、文学作品に登場する山は、近江国以外の歌人・詩人・作家たちによって書かれたものが大部分である。いわゆる文化人が近江の地を訪れ、通行したときに近江の山が詠まれた場合が多い。それだけ近江の山が多くの人にすでに認知されていたことを物語っている。それは近江の地が、地形的に西日本と東日本を結ぶ交通の要所にあたり、人の往還が容易であったことがあげられよう。それとともに近江の山そのものが、文化人の情感をゆさぶるインパクトをもっていたのだろうか。

しかし、近江の山々が早くから地域の人々によって認識され、山の名称がすでに付けられていたこともみのがせない。どのようにして山の呼称が付けられたのかはわからないが、現在も前述の山々は、地域の人々に親しまれ日々の営みの中で生き続けている。

鏡山の遠望

近江の山々

太神山

太神山《たなかみ》は、田上山ともよばれ、湖南アルプスの主峰（標高五九九・七メートル）である。太神山を中心に北から堂山・笠間ヶ岳・八筈ヶ山・猪背山といった峰を形成している。太神山を遠望すると全体的に花崗岩が露出し、山肌がみえているところが多い。

これは奈良時代の乱伐によるともいわれてきた。すなわち『万葉集』に藤原宮造宮のときに、太神山の檜《ひのき》の角材が瀬田川・木津川を使って運ばれたことが記されている。また、「正倉院文書」によれば、石山寺の増改築にともない太神山の雑材・檜皮《ひわだ》などが供給され、かつて太神山の森林は杣山《そまやま》として知られていたことがわかる。

ところで、太神山の登山口はバス停のアルプス登山口からである。天神川に沿って林道をずいぶんと歩く。ほどなく左側に覆屋《おおいや》を有した「迎不動《むかえ》」がある。中央に自然石の像高七十二センチの石造不動明王立像を安置し、その右側に太神山不動寺を開いた智証大師円珍坐像をみることができる。これから太神山に登る人は、まずここで迎えるという意味があるのだろう。登山道は太神山不動寺への参詣道であることを示している。

やがて太神山を示す標識があるが、それに従って右の道にはいる。そして天神川を渡るとやや上りの道になるが、道が曲がったところから急に花崗岩の風化した道にかわる。岩場のところや、ザラザラとした道で若干すべりやすい。登るにしたがい眺望が広がる。登山道の右側には、湖南アルプスを形成する一つの笠間ヶ岳（標高四三三メートル）がみえる。

樹林の中をしばらく歩くと左側に石仏があり、それは像高三十七センチの不動明王立像である。道は再び岩場となり、大きな岩や奇岩が多く見うけられる。道は平坦な道を進むと右側に大きな岩に不動明王像が彫られ、磨崖仏の形式をとっている。これは「泣不動《なき》」とよばれているもので、不動明王の様相から名付けられたのかどうかは分からない。しかし堂々とした不動明王像だ。

懸造の不動寺本堂

道を進むとやがて左側に簡素な注連縄《しめなわ》のたらされた二尊門がある。この門をくぐると両側に寛延二年（一七四九）建立の常夜灯二基があり、その奥に比較的新しい石造制吒迦《せいたか》童子像と矜羯羅《こんから》童子像が並ぶ。友人が思わず、「じっと見つめられているようでこわい」と話をしていたが、確かに微笑したその表情は印象的である。

再び林の中を登ると三叉路に出るが、これを右に進みしばらくすると不動寺前に達する。成就院不動寺の境内には、寺務所・地蔵堂・倶利迦羅《くりから》堂・鐘楼が立ち並ぶ。登山道付近にはほかにあまり見られない樹齢数百年を経た大樹をみることができる。正面の高台に不動寺本堂がある。まず最初の石段の登り口に「梵字　五十丁」と刻まれた丁石があるが、これは山麓からここまでの距離を示している。登山道のところどころに不動明王を表す梵字カーンを付した丁石をみることができる。かつては一丁（町）ごとにあったのであろう。

急な石段を八十段登ったところに不動寺本堂がある。石段を登りながら上を見上げると典型的な懸造いわゆる舞台造であることがわかる。

檜皮葺の本堂（重要文化財）は、巨岩に寄り添うような形態をとり、建造物

太神山頂上にある不動寺奥の院

全体が岩の形に合わせて造られている。露頭した岩盤の岩屋に不動明王像がまつられている。本堂はすべて岩の上に立っている感じだ。

本堂に接した巨岩は、後の方へと伸び巨大な岩塊を形成している。すなわち大神影向石《ようごう》である。これをみているとまさに神が宿る磐座であり、神の山としての原始信仰のあったことを示している。高い山の頂上に山の神が宿り、田植の季節となると麓にくだって田の神となるという太神山は原始信仰の見本のように考えられる。のちに太神山は仏教が入って神仏の習合が行われ寺院が建立されたわけである。

その地から約一〇〇メートル進んだところには岩盤の上に不動寺の奥の院がある。奥の院には祠と岩をみることができる。奥の院の手前の高台が太神山の頂上である。

縁起によれば、不動寺は円珍が園城寺《おんじょうじ》（三井寺《みいでら》）の再興のとき、太神山から金色の光が園城寺を照らしたため、円珍は杣人《そまびと》の案内で太神山に登り、山中の霊木に不動明王を刻み、それを磐座に安置し、貞観元年（八五九）伽藍を建立したことが、成就院不動寺の始まりであるといわれている。

その後不動寺は不動信仰の霊場として早くから信仰を集めている。室町時代の永正十五年（一五一八）山麓の関津《せきのつ》城主が不動寺不断護摩《ごま》料として護摩料田を寄進しているほどである。現在では毎年一月二十八日初不動採灯《さいとう》護摩供、九月二十二日～二十八日の不動尊御開扉大会《ごかいひだいえ》式には、園城寺福家俊明長吏《ちょうり》を導師に護摩供が執行され近隣の人々で賑わう。

竜王山

竜王山は、金勝山《こんぜ》（標高五六六・六メートル）・鶏冠山《けいかん》（標高四九〇・九メートル）と山が連なり、近江湖南アルプス自然休養林となっている。竜王山への登山口は、大津市上田上の上《かみ》桐生《きりゅう》のバス停からはじまる。

一つの登山道としてキャンプ場から草津川の上流を渡る。左側には草津川の砂防ダムの一つ「オランダ堰堤《えんてい》」をみることができる。明治五年（一八七二）来日したオランダ人のヨハネス・デ・レーケの指導のもと、技師田辺儀三郎の設計による堰堤で、近代遺産の一つとしていま注目されている。

林間の南谷林道を川沿いに進むと、左側に岩に彫られた鎌倉時代初期の三尊の磨崖仏《まがいぶつ》「さかさ観音」がある。岩がずり落ち逆《さか》さになったことからその名称が付けられたという。

やがて新しい第二名神高速道路のトンネルを抜けると、桐生辻へ通ずる道の分岐点に着く。左手の道を進み、岩と岩にはさまれたような狭い険しい山道を登ると、山中に平地となった狛坂《こまさか》寺跡に出る。

狛坂寺は、大永六年（一五二六）の「狛坂寺縁起」（金勝寺《こんしょうじ》蔵）によれば、もと蒲生郡の狛長者の持仏であった千手観音像が、嵯峨天皇の皇后に献上され、それが護持僧の興福寺の願安《がんあん》に相伝された。願安は初め金勝寺に安置したが、同寺が女人結界の地であったので結界外の狛坂の地に一寺を建立し、観音像を安置したことによるという。江戸時代の天保十年（一八三九）に再建されたが明治初期に廃寺となった。

現在は林の中に石垣の一部が残されているだけだ。跡地の東北に高さ六・三メートル、幅四・五メートルに及ぶ巨岩に石仏が浮き彫りにされた有名な狛坂磨崖仏がある。磨崖仏の中央に奈良時代と伝える大きな如来坐像・脇侍《きょうじ》に両菩薩立像の三尊像が彫られている。その様相から朝鮮半島の新羅《しらぎ》系の人によって制作されたとされる。古い年代とともにこのような巨大な磨崖仏は、国内でも類例が少なく、国の史跡に指定されている。

この地から再び坂道を登ると、途中に国見岩や、薄肉彫《うすにく》りの磨崖仏のある重ね岩とよばれる巨岩奇岩をみることができる。やがて山道が分岐する白石峰に着く。竜王山への道をとり、湯沸観音《ゆわかし》とよばれる岩が道沿いにある。岩に比べて小さな磨崖仏が、どうしてこのような名称を付けられたかはわからない。やがて山道を少しくだり再び登りついたところが竜王山の山頂部である。

道の左側には、岩とともに八大龍王をまつる小さな祠があり、右側は標高六〇四・七メートルの竜王山の山頂にあたる。湖南平野を一望することができる。八大龍王は、古くから水を司る神を象徴していることから、竜王山の名称もそれに由来する。県下には、日野町の竜王山もよく知られ、その頂上には龍神がまつられ、地域の雨乞いの信仰の対象となっている。

ところで、竜王山をくだると古刹の金勝寺へと通じている。金勝山の頂上近くにある金勝寺は、奈良時代には金勝山大菩提寺《だいぼだいじ》ともよばれ、定額寺《じょうがく》に列せられた古刹である。当寺は金粛菩薩《きんしゅく》いわゆる東大寺初代別当《べっとう》の良弁《ろうべん》が開創したことで金粛寺とも号した。弘仁年間（八一〇～二四）に南都の願安が堂舎を建立し、仏像を安置し勅願の寺院としたことにはじまる。

狛坂磨崖仏（国指定史跡）

「興福寺官務牒疏《かんむちょうそ》」によると、山上の僧房三十六院、衆徒三十六口のほか二十五にのぼる別院を有した大寺であった。現在でも深い樹間の長い参道の奥に仁王門・本堂・二月堂が立ち並ぶ。そのうえ平安時代の木造毘沙門天《びしゃもんてん》立像をはじめとする多くの重要文化財を有し、まさに前述の狛坂磨崖仏を含めた一つの金勝仏教文化圏を構築しているといってよい。

竜王山への道は、いたるところに風化した花崗岩の巨岩などが露出し、特異な景観を呈しているとともに、仏教文化の足跡も多くみることができる。数年前に訪ねた韓国のかつての新羅の都であった慶州《けいしゅう》の南山《なんざん》と同じ雰囲気をもった風景を思い出すほどだ。

樹間にたたずむ金勝寺本堂

阿星山

阿星山《あぼしやま》は「あしょうざん」ともよばれているが、湖南市石部・甲賀市信楽・栗東市の境に位置している。西に金勝山、東に飯道山《はんどう》を望む湖南の仏教文化の中心地である。その登山口は、湖南市石部の東寺《ひがしでら》にある長寿寺の門前からはじまる。

林道をおよそ一八〇〇メートル進むと右へ折れる道がある。その川沿いの道を行けば滝の音が聞こえてくる。これが「紫雲《しうん》の滝」とよばれている滝だ。岩と岩との間から流れ落ちる滝は落差約六メートルである。滝のそばに巨岩に彫られた磨崖仏がある。磨崖仏には不動明王と地蔵菩薩の二躯《く》が彫られている。覆屋がつくられ礼拝できるようになっていて、長寿寺の奥の院にふさわしい雰囲気をかもし出している。

阿星山　東寺付近から望む

長寿寺の縁起によれば、聖武《しょうむ》天皇に皇子がいなかったので、天皇が僧良弁《ろうべん》に祈願させた。良弁は阿星山中のこの滝にこもり、祈願したところ皇子が誕生。山麓に長寿寺を建立し、その生誕にちなんで子安地蔵菩薩を行基《ぎょうき》に彫らして本尊にしたという。現在も行基が刻んだという木造地蔵菩薩立像が、国宝の長寿寺本堂の本尊として安置されている。県下で地蔵菩薩を本尊にしているのは類例が少ない。

紫雲の滝から分岐点まで引き返し、登山道を進むとやがて駐車場がある。その前の林道を行くと、右側に視界が次第に広がり三上山や野洲川周辺の集落をみることができる。

やがて左側にある登山道に入る。すぐ丸太を渡した階段の道が、ところどころ途切れはするが延々と山頂まで続く。各所に休憩所や展望台が設置されているなど、よく整備された登山道だ。山頂近くの横に無線通信所の鉄塔がそびえている。山頂からは山の織りなす信楽方面を見渡すことができる。

阿星山は、標高六九三・一メートルを有し滋賀県南部では最も高い山である。いっぽう阿星山は雨乞いの山であった。阿星山の山頂から約五〇〇メートルく

めずらしい寄棟造の長寿寺本堂（国宝）

だったところに八大竜王をまつる祠がある。そのそばの巨岩には、直径十五センチ、深さ三十センチほどの穴が二カ所あいている。毎年七月八日午前五時には、山麓の東寺地区の人々が水を持って竜王の祠に参詣する。そして二カ所の穴に水を注ぐ。そのあと祠の神体の石を持ち帰り、長寿寺境内にある白山《はくさん》神社に安置。拝殿で長寿寺住職が、集落を代表する十人衆という長者とともに五穀豊穣を祈願する。この行事の設営役は、その年の「鬼子《おにこ》」とよばれる十五歳の若者が担当する。このように阿星山に農耕の豊作と集落安全を祈るのである。まさに阿星山と山麓の集落と寺院が一体になった様相を表出させているといえよう。

ところで、山麓の東寺にある長寿寺は、前述のように奈良時代に良弁による開基をもつが、平安時代に入って最澄の天台仏教の影響を受け天台宗に変わった。当寺の鎌倉時代の本堂は寄棟造《よせむね》で、入母屋造《いりもや》の多い天台伽藍の中ではめずらしい。また、当寺の三重塔は織田信長によって安土城内に移され、現在摠見寺《そうけんじ》（安土町）の三重塔（重要文化財）となっている。

さらに、阿星山の山麓にある西寺《にしでら》の常楽寺《じょうらく》も、長寿寺と同じ開基伝承をもち、天台宗となっている。常楽寺には、国宝の鎌倉時代造立の本堂と室町時代の国宝三重塔を有し、阿星山を背にすばらしい景観をみせている。「阿星山」の山号をもつ西寺とも阿星山文化圏の中心にふさわしく、両寺会わせて国・県指定のすぐれた文化財二十件を数えている。これからも阿星山という一つの山が文化を生み出した好例といえるだろう。

岩根山

岩根《いわね》山は、湖南市甲西と竜王町の境に位置し、細長い山並みを形成している。標高四〇五・六メートルの岩根山は、一般に十二坊山ともよばれ、かつて天台の修行場として十二の僧坊が建てられていたことによるという。

県道から十二坊温泉へ通じる道を進む。十二坊温泉の手前を右に約一〇〇〇メートルくだると、右側の斜面に大きな不動明王の大磨崖仏が目に飛び込んでくる。高さおよそ八メートルの花崗岩の岩壁に、像高約四メートルの不動明王立像を高肉彫りしている。面相も大きく牙をむき、にらみつけている相を含めて全体的にやや形式的であるが、迫力のある不動明王立像である。

また、もとの道にもどり十二坊温泉のところに車を止めて十二坊に向かって歩く。しばらく林の中を進むと十二坊林道に出る。小さな折曲をくりかえす林

野洲川横田橋上空から岩根山を望む。左上に三上山も見える。

道をただひたすら歩く。約四十分歩くと左側の高台にＮＨＫ・ＮＴＴ無線中継所がある。その横には花崗岩が風光しザラザラした表面をもつ巨大な岩壁が露出しており、その地からの眺望はみごたえがある。眼下に野洲川周辺をはじめ、金勝山・阿星山などが望まれた。

そして、来た道を引き返し十二坊温泉から新しい道を通り車で善水寺を訪れた。岩根山の中腹にある善水寺《ぜんすいじ》は、岩根山の山号をもち、その歴史は古い。寺伝によれば奈良時代の和銅年間（七〇八〜一五）元明天皇が国家鎮護のために草創した和銅寺を前身とし、のち桓武天皇が病のとき、最澄が同寺で法を修し香水を献じたところ平癒《へいゆ》したので善水寺と号し、比叡山別院になったという。現在もその水は健在である。

岩根山を背に建つ重厚な入母屋造の国宝の本堂は見ごたえがあり、内陣には重要文化財に指定されている多くの仏像が並び私たちを迎えてくれる。本尊は平安時代の薬師如来坐像（重要文化財）である。薬師像には、像内に正暦《しょうりゃく》四年（九九三）の造像結縁交名《けちえんきょうみょう》一紙と籾《もみ》が納められている。像内に籾が入れられている例もめずらしいが、おそらく豊穣を祈って行われたのではないかと考

入母屋造の大きな善水寺本堂（国宝）

えられる。

善水寺からおよそ三〇〇メートルくだると右側に岩根山不動寺をみることができる。不動寺は斜面の巨大な岩盤に接するよう建てられている。不動明王像は巨岩に高肉彫りされているが、岩肌が荒れていることから面相が少し摩滅しているのが惜しい。懸造《かけ》となっている不動堂からは、正面の奥に穴が設けられ磨崖仏を拝することができる。

この磨崖仏は幸いにも造立年代を示す刻銘がある。すなわち「建武元年三月七日　卜部《うらべ》左兵衛尉入道充築再作之」とある。南北朝初期にあたる建武元年（一三三四）に造立されたことを証明している。磨崖仏でこのように古い年代の造立銘を刻む例は少なく、滋賀県下では、田上山系の大津市大石富川町・甲賀市杉谷の岩尾山の磨崖仏がある。

岩根山は高い山ではないが、頂上付近に水の神八大龍王をまつり、中腹には由緒ある歴史をもつ善水寺をはじめ、滋賀県を代表する磨崖仏が散在し、地域の人々との深い結びつきを垣間みることができる。

飯道山

古くから文字通り山に伏して修行する修験道のメッカとされているのは奈良県の大峰山系があるが、飯道山《はんどうさん》は近江の大峰山《おおみねさん》と呼ばれ、修験道の霊山だった。

飯道山は一の峰（六六四・二メートル）、二の峰（五九八メートル）と二つの頂上を持つ山である。二つの峰とも頂上部は花崗岩の巨岩が露出し、神の影向《ようごう》するところと考えられ、原始的に穀物と水の神として信仰されたのが始まりとされる。

山岳信仰史の研究者満田良順氏が、飯道山山麓の俗信について「飯道山の水は米によい」とか「飯道山の上が曇ると雨が降る」などといったことを紹介している。筆者が登山した日は終日雨だった。

国道三〇七号を陸橋で渡り、甲賀市水口町三大寺《さんだいじ》からの登山道をたどることにした。ここから山頂までは三・五キロメートルの道程である。檜の林相が美しく両側に続く山道を登っていく。緑雨に光る道端の草木や山菜を愛でながらの山道は楽しい。

若芽がもえる雑木林にウグイスやホオジロなどの声を耳にしながら歩を進めると、道は急な坂となる。道というよりも角ばった白い石がゴロゴロとして、川底のような感じである。ここは休憩所のある岩壺不動から、さらに九〇〇メートルほど登ったところで、山頂への道で一番きつい個所である。

江州飯道山行者講の手による立て札に「心の諸仏の加護を念じ、口に南無阿弥陀仏を唱えつつ登れ」とある。あえぎながら三途《さんず》の川とも呼ばれる石の坂道を抜けると、杖《つえ》の権現《ごんげん》と呼ばれる小さな祠があり、その前に休憩所がある。晴れていればここから東南に視界が広がる。

杖の権現から西へ、尾根伝いに急な熊笹の密生した檜林を登ると八〇〇メートルで頂上に出る。雨水をたっぷり含んだ腰あたりまでくる笹原を分けて進む。頂上近くの尾根の北側に見事な槇《まき》の林が黒々と続く。近くに見る槇には風雨に耐えた力強さがある。

飯道山の頂上部にある廃飯道寺坊跡

林の中を少し歩くと、道沿いに崩《くず》れかかった石垣が見られるが、それは、中世から近世にかけて隆盛を誇っていた飯道寺の坊跡の一つである。坊跡は、この一帯、起伏に富んだ広い敷地に数多く散在、大小さまざまな姿を残している。その盛時に五十八坊が立ち並んでいた名残である。杉や檜、雑木が林立し、昼間も薄暗い。一段高く積まれた石垣は鐘楼跡であろうか。かつて江戸時代末まで修験道で、その名を知られた飯道寺の今はなき寺跡に立つと感慨ひとしおのものがある。

明治初年の廃仏毀釈《はいぶつきしゃく》により、この地に寺院が絶えて、坊跡に生えた樹木も大きくなっている。飯道寺故地の石積みが始まるところに「木食上人入定窟《もくじきしょうにんにゅうじょうくつ》」（墓所）と記された立て札が目に入る。木食上人とは穀物を断《た》ち、山野の木の実や草を食べて厳しい修行をした高僧をいうのであるが、ここの木食は木食応《おう》其《ご》のことで、安土桃山時代に活躍した人である。

応其は興山上人とも呼ばれ、高野山中興の祖として知られる。近江の佐々木氏出身で、三十八歳のとき高野山に遁世《とんせ》して、十穀を断つ木食の修行をして密教の奥秘を極めた。慶長五年（一六〇〇）高野山を出て飯道山に隠棲《いんせい》し、同十

飯道神社　石灯籠（甲賀市指定文化財）

三年ここで生涯を閉じた。

昭和四十三年、入定窟の上に覆堂《おおいどう》が建てられ、その隣に大きな五輪塔がよりそって立っている。木食上人の墓所から道をくだって進み、左手に進むと飯道寺一山の山伏たちの供養塔のある墓地に出る。松の木の下、数えきれないほど隆盛期の飯道寺を支えた山伏たちの墓石がひそむように並んでいた。

その中で往時を物語る建物として飯道神社本殿が残っているのは幸いである。飯道神社は飯道寺一山の地主神として重きをなしていた。飯道山の神は、食物と水をもたらす神としての原始農耕神であったが、豊かな森林を支配する神の性格も加わって、厚く信仰されることになった。

その後平安・鎌倉時代に神仏習合の考えが浸透し、それに修験が加わって飯道山は、修験の山となっていった。中世の飯道山についての記録がとぼしいためわからないが、飯道神社本殿（重要文化財）の修復のとき一〇三六点の懸《かけ》仏《ぼとけ》が発見された。懸仏は神仏習合思想によってつくられたもので銅板などに仏像や神像をあらわし、壁面などに懸けて礼拝したものである。ほとんど鎌倉・室町時代のもので、中世における飯道寺の隆盛がしのばれる。明治初年の神仏分離により、飯道山の寺院は山を去り、飯道神社が信楽町宮町の鎮守として残った。

飯道神社の行者堂内には、役行者《えんのぎょうじゃ》が二鬼を従え、その左に不動明王、右には蔵王《ざおう》権現、その前に山伏姿の像が一体まつられている。おそらく飯道寺関係の修験者の像であろう。

五月五日は神社の春祭りである。当日行列の先頭にはホラ貝を吹く山伏、続いて大先達の山伏や僧、護摩供《ごまく》の尊師・神官、巫女《みこ》たち、それに飯道神社氏子と文字を染め抜いた法被《はっぴ》を着た多くの子ども。それぞれの衣装の彩りも鮮やかで美しい。また、行者堂の前庭では、行者講の手によって護摩焚きが始められ、山伏や僧の読経が山内にひびく。静寂の中にある飯道山もこの日はにぎわいのなかにあった。

（石丸正運）

岩尾山

岩尾《いわお》山は滋賀県と三重県との県境にある。標高四七一・一メートルの山で、名称のとおり岩におおわれた山である。

県道草津拓植線の甲賀市甲南町深川市場で甲賀と伊賀を結ぶ道を南に入る。この道は岩尾越・槇山越ともよばれ、古くから近江と伊賀をつなぐ主要な道であった。杉谷の集落をさらに進むと道の右側に岩尾池・大沢池がある。やがて右側に「岩尾山息障寺《そくしょうじ》」の石標があるがこれが岩尾山の登り口だ。

急な参道を登り、途中に「賽《さい》の河原」とよばれる洞窟《どうくつ》があり、岩と岩に囲まれた石段を進むと簡素な山門がある。その右手には「曼荼羅《まんだら》岩」と名付けられた変わった形状をした巨岩がせり出し、その下は空洞のようになっている。さらに石段を登ると平坦地となり、正面に本堂・庫裡《くり》・絵馬堂などが並ぶ。ここ

岩尾山の全景　手前は大沢池

が天台宗岩尾山明王院息障寺の中心堂舎である。

岩尾山は、右手にある鐘楼の横の石段を登る。その中ほどの左側の岩に地蔵菩薩像の磨崖仏をみることができる。像の左側に至徳二年（一三八五）の刻銘があり、南北朝時代に彫られたことがわかる。

さらに石段二百有余段を登りきったところに、かつて目を見張るような巨岩が屹立《きつりつ》していた。おそらく高さ十五メートルは超えていただろう。屏風岩ともよばれていたが、その正面に不動明王立像が線刻されていた。これが息障寺の奥の院にあたる。しかし、残念ながら平成十六年十一月二十八日、突然磨崖仏が上部から自然崩壊し、巨岩が一部落下してしまったという。

最澄の自作とも伝えるこの磨崖仏には、かつて唐破風《からはふ》の屋根の一部分が付けられているという特異な形態をみることができた。本尊は不動明王の磨崖仏で、寺院ではそれに対応する内陣に、神社では拝殿に相当するのだろう。それも現在はみることができない。岩尾山も一種の神体山ともいえる。

奥の院の磨崖仏の周辺は、樹間に多くの巨岩が露頭し、なかにはおうま岩・扇岩・木魚岩といった名称がつけられた奇岩がある。かつて伊賀忍者の修練場

頂上近くの薬師堂

ともいう伝承があるが、まさに修験道場の雰囲気をもつところだ。この地から北西の細い山道を進めば、岩尾山の山頂へと続いている。その道沿いには、素朴な表情をした多くの石仏が二基ずつ並ぶ。

ところで、息障寺は縁起によれば、最澄が比叡山に延暦寺を建立するためにこの山に材木を求めたところ、山の池に大蛇が棲み杣人《そまびと》（木を切ったり、運び出したりする人）の通行を妨げた。最澄が祈祷をしたところ大蛇はたちまちこの池を去り、岩尾山の材木を切り出すことができた。材木は杉谷川・野洲川に沿って琵琶湖に流され、大津市坂本港へ運ばれたという。そのあと最澄は、大蛇（龍神）報恩のために池の辺りにある岩尾山に堂舎を造営したと伝える。息障寺が「池原の延暦寺」とよばれるのはこの事由によるという。

その後、比叡山無動寺を開いた天台修験道の祖相応《そうおう》が、岩尾山を修行道場としたといわれる。相応は比良山系の西側の葛川《かつらがわ》息障明王院を創建しているが、当時も明王院息障寺と呼称し両寺の深い相関関係を示しているように感じられる。

息障寺は、一般に岩尾不動とよばれている。それは前述の岩尾山の不動明王立像の磨崖仏と本堂の木造不動明王像が安置されていることによる。山麓には行者講や不動講が結成されている。当寺の年中行事のなかでも三月二十三日、九月二十三日の春・秋の大会式には、境内で大がかりな採灯護摩がたかれる。当日は講の人々はもちろん近郊、伊賀方面からも数多く参拝される。山深いところにあるが、地域との密接の濃い寺院といえるだろう。

息障寺には、かつて五ヵ寺の末寺があったという。ちなみに甲賀市甲南町の西福《さいふく》寺・勢田寺・正福寺・医王寺・三重県阿山町の東福寺。いずれも平安時代の最澄の開基伝承をもつ寺院であった。このうち医王寺（磯尾）・正福寺（杉谷）の二ヵ寺は現在も継承されている。

油日岳

油日岳《あぶらひ》は、鈴鹿山系の東端に位置し、標高六九四メートルの山である。油日岳の登り口は、甲賀市甲賀町油日にある油日神社の参道口にあたる。参道の入口は常夜灯とともに油日岳を遙拝《ようはい》する場所となっている。この地から東側の真正面に、なだらかな山並みの中央に突き出た美しい油日岳の姿をみることができる。

その前の道は東へと続く。松林の中の林道を進む。右側の「杣《そま》川荒廃砂防堰《えん》堤《てい》」をみながら歩み、杣川にかかる楓《かえで》橋を渡る。その地点から山道の幅が狭くなり、谷川沿いになかには谷川の石を渡りながら進む。道の左右には大きな岩が散在。急な坂道を登りきると尾根道である。油日岳は右へ進むが左に行けば標高八〇〇メートルの那須ヶ原岳へと通じている。那須ヶ原岳の山頂に山の神

油日神社参道口の遙拝所から望む油日岳

の祠があり、春秋山の神事が行われるが、山麓の甲賀町鳥居野の大鳥神社の奥宮にあたる。

尾根道を右へ進めばやがて油日岳の山頂に着く。少し平坦な山頂には、檜の大木と「岳大明神　油日荒魂《あらたま》相殿《あいでん》罔象女神《みずはめのみこと》」と刻まれた木柱と祠がある。この地は山麓の油日神社の奥宮（山宮）にあたるところだ。その傍らには「岳籠《だけこも》り舎」とよばれる小屋がある。ここでは毎年九月十一日、里宮油日神社の氏子にあたる油日谷七カ郷の人々による岳参籠《さんろう》が行われる。

当日の午後、神官・氏子総代・氏子青年会・岳守の人々が神酒・供物をもって登山。かつての焚き火に変わり投光器で山頂の檜に光をあてる「油まつり」。そのあと岳籠もり舎で夜を徹し、翌朝六時ごろ灯明をもって下山し油日神社に移す。十三日の夕刻灯明を神社の万灯に点灯し農耕の豊作を祈る。これは灯明を里宮に迎えるいわゆる神迎えの儀式をいまに伝える貴重な行事であるといえるだろう。油日岳も神体山であることを証明している。

油日神社の祭神は猿田彦命・罔象女神である。罔象女神は、深山の渓谷に流れる川で水汲みをする女神のことで、いわゆる水の神であり農耕を司る神のことで、油日岳も地域の人々と密接な関係を示している。

また当社には、全国的にも類例の少ない「ずずいこ人形」（大きな男根をつけ手足が自由に動く木彫人形）や、永正五年（一五〇八）刻銘の「田作り福太夫」の古面が保存されている。かつて春になるとこの面をつけ、ずずいこ人形を抱いて田のあぜ道を歩きながら農耕の成長を祈ったという。

油日神社の例祭五月一日の油日祭りも著名だ。それは「油日の太鼓踊」として記録作成等を講ずべき国選択の無形民俗文化財に指定されている。そのなかに雨乞い祈願の大踊と返礼の小躍、五年一回の奴《やっこ》振りが含まれる。太鼓をする場合、かつては太鼓をかついで油日岳まで登り、祠の前で太鼓を地面につけて鳴りひびかせる「地打ち」をしながら雨乞いをしたという話を、かつて地元の望月正之さんからお聞きしたことがあった。

ところで、里宮の油日神社の歴史も古い。縁起によれば、地域の産土神《うぶすながみ》となり、のち聖徳太子によって創建されたという。いまも聖徳太子絵伝を保存する。のち天台宗神宮寺が建立され、明治維持まで神仏習合の色彩が濃かった。当社には大般若経《はんにゃ》をはじめ室町時代の十一尊曼荼羅《まんだら》図・種子三千仏（三巻）などがあり、その系譜をうかがわせている。

広い神域には、正面の参道からみると入母屋造りの楼門・回廊・拝殿・本殿が一直線上に整然と並ぶ。いずれも国指定重要文化財の室町時代の神社建築である。このように室町時代のすぐれた建築物がまとまって現存しているのはほかに例が少ない。なかでも楼門をはさんでの回廊は、凹の字形に細長く続いている。しかも柱間一つ一つに集落名の札が貼られている。これは前述の万灯点火のときに各集落の人々の参籠所になっている。

また、油日神社から山あいを少しこえると甲賀町櫟野《いちいの》の集落がある。ここには最澄の開基伝承をもつ天台宗櫟野寺《らくやじ》があり、全国的にもめずらしい像高約四メートルの巨像、木造十一面観音坐像（重要文化財）が安置されている。このように油日岳・那須ヶ原山の山麓では、すでに平安時代には開かれ、山の信仰に根ざした人々の営みがあったことを物語っているといえるだろう。

油日神社の回廊・拝殿・本殿の一部。いずれも国指定重要文化財

三上山

近江の山のなかで伊吹山・比叡山と並んで最も著名な山である。標高四三二メートルの三上山は、御上山・御神山・神影山・三神山とも書かれ、いずれも「みかみやま」とよまれている。

平安時代末に俵藤太《たわらとうた》藤原秀郷《ふじわらひでさと》が、三上山に棲むムカデを退治したという伝承から「むかで山」ともよばれていた。

湖東平野に一段と秀麗さを誇る三上山は、一般に「近江富士」の名称で多くの人々に親しまれている。山は高くはないが湖南・湖西といった遠くからも、いっそう目立つ美しい円錐形をした三上山をみることができ、湖東のシンボル的意味をもつ。山容が富士山に似ている山は、全国に多くみることができるが、その中で最も富士山に酷似しているという。

三上山の頂上の奥宮

三上山は、旧東海道・旧東山道（のち中山道）からも眺望することができるためか、古代から多くの和歌集・紀行文などにたびたび登場する。ちなみに平安時代の『千載《せんざい》和歌集』の「浅みどり三上山の春霞　たつや千歳のはじめなるらし」や、鎌倉時代の『海道記』に「三上の嶽を眺めて八（野）州河を渡る」とある。

ところで、三上山を中心に北に妙光寺山、南に女山を従え裾野を広げている。その表登山道は野洲市三上である。集落の民家のそばから石段を登ると、すぐ「魚釣岩」とよばれる岩が目に入る。

その横の急な坂道を進むと妙見堂跡があり、常夜灯や基壇だけが残されている。林間の山道を曲がりながら登ると、道の左右いたるところに岩が散在する。さらに登ると道の右側に「割岩」とよばれる巨岩群がある。太郎坊山の夫婦岩と比べて規模的には小さいが、巨岩が割れたような形式を呈し、岩と岩との間をかろうじて通ることができる。

やがて道は急な岩盤の上を、手すりをたよりに登る。このあたり本当に急坂である。このような手すりのつけてある登山道は、近江では三上山だけだろう。

山の外見から受ける印象とは、まったく異なり荒々しさが感じられる。さらに登ると頂上に出る。距離的には山麓から一・一キロメートルであるが、急坂であるためにもっと長く感じる。

山頂からの眺望のすばらしさに立ち止まるほどだ。しかもその日は快晴であったので、眼下の里宮の御上神社・集落・野洲川はもちろんのこと比良・比叡山系・音羽山・太神山・竜王山・金勝《こんぜ》山・阿星《あぼし》山、はるか京都の愛宕《あたご》山までみることができた。

山頂は大小の二つの頂に分かれているが、高いところに古代祭祀の場であった巨大な磐座がある。そのそばに御上神社の奥宮（山宮）が祀られている。これからも三上山は、典型的な神体山（神奈備山《かんなびやま》）である。おそらく古代祭礼のときは、全山立ち入り禁止の禁足地となり、神聖な山として認識されていたのであろう。三上山の名称も「御神山」に起因すると考えられる。

三上山も地域との結びつきも強い。毎年七月十八日（旧暦六月十八日）には、祭神の天之御影神《あまのみかげ》が三上山に降臨した日の記念として、神迎えの山上祭《さんじょう》が奥宮で行われ、そのあと里宮の御上神社で影向祭《えこう》が開催される。また、同日山麓の三上・妙光寺の集落共催で竜王祭がある。集落の人々は朝六時ごろ三上山の奥宮および東の龍王（後述）に参詣する。神事当番は供えものとして練りコンニャク・豆腐・神酒・花などをもって山にあがることになっている。

それはともかく、奥宮のうしろにある少し広いところが山頂である。林間で眺望はきかない。帰りは裏登山道をくだる。このあたりも地表から岩がつき出ているところが多い。なかに「むかでの穴」といわれるところもある。ほどなく「東の龍王」とよばれる祠と鳥居をみることができる。三上山は竜王山ともよばれ水を司る神をまつる。いわゆる農耕と密接に関係した山であることを物語っている。

坂道をくだり尾根道を進むと、女山への分岐点があるが右にくだる。表登山道と比較して随分と坂はゆるやかであるが距離は長い。登山道をおりたところの広場には、天保《てんぽう》十三年（一八四二）発生した天保義民の犠牲者を顕彰する天保義民の石碑がある。

三上山の山麓には、大きな鎮守の森を形成している御上神社がある。神社は「先代旧事本紀」によると、祭神の天之御影神は三上山に降臨したことにはじ

御上神社本殿（国宝）の背面に取り付けられている扉

まり、養老年中（七一七～七二四）に、三上山に群生する榧を用いて社殿を造営したという。広大な神域に本殿・拝殿・楼門・若宮・大宮社の摂社などが並んでいる。

とくに鎌倉時代と推定される本殿は、入母屋造・漆喰壁《しっくい》・連子窓《れんじ》が用いられ仏堂的な建築様式は、三上造ともいわれ国宝に指定されている。注目されるのは本殿の背面に扉が設けられ、扉を開けると三上山を遙拝することができる形式となり、奥宮の三上山と相対している。社殿は三上山の山麓における祭祀場にあたっていたのであろう。神体山信仰を現在に伝える貴重な遺構といえる。

三上山麓にある三上区から登山者のみなさんへという立看板に、「三上山を信仰・伝説・祈りの御山としてあがめ大事にしてきた」と記されていることばが印象に残る。

鏡山

鏡山《かがみやま》は、野洲市と竜王町の境界に位置し、西東に細長い稜線を描く。鏡山の主峰は、標高三八四・八メートルの雨乞山で、竜王山ともよばれる。北方の峰は星ヶ峰である。

鏡山の形姿は美しい。そのために平安時代から歌枕として多くの詩歌に登場する名山だ。なかでも『万葉集』以後のすぐれた和歌を選んだ『古今和歌集』の「鏡山いざ立ち寄りて見てゆかむ　年へぬる身は老いやしぬると」や、その五十年後に選ばれた『後撰和歌集』の「鏡山やまかきくもりしぐるれば　もみぢあかくぞ秋は見えける」は著名である。前者の詩歌は、一二四五年ごろ成立の『東関《とうかん》紀行』にも紹介され、作者はこの詩歌は鏡山のことだと記している。

近江のなかでも鏡山は、詩歌によまれる山として知られる比良・伊吹・三上の各山と並んで多い。鏡山の西端には、日本の幹線道である古代東山道が南北に通り、中世には宿駅の鏡宿が設けられていたので、道行く多くの人々に鏡山が容易に見ることができ親しまれていたのであろう。

また、鏡山は県下最大の鏡山須恵器《すえき》窯群があることでよく知られている。それは鏡山北東麓から北西麓にかけて分布しているが、現在五十カ所以上の古窯《こよう》跡が確認されているという。そのほとんどが六世紀後半に操業した窯である。

美しい鏡山の名称は、山麓の古墳から鏡が出土したからともいわれている。そして奈良時代の『日本書紀』によれば、「近江国の鏡村の谷の陶人は、天日槍（アメノヒボコ）の従人なり」とあり、新羅《しらぎ》国王子の天日槍の従者が住んだ地が鏡村（竜王町鏡）であると記されている。いずれにしても鏡山を中心としたこの地域は、日本の中でも早くから開かれていたことを明確に物語っているといえるだろう。

さて、鏡山へ登ってみることにする。その登山道は、県道鏡山口バス停から右側の案内板を目印に砕石道から林道に入る。まもなく右側に大谷池がみえる。この池から鏡山の山頂付近を望むことができる。やがて「あえんぼ広場」とよ

鏡山　竜王町七里付近から望む

ばれる少し広いところに着く。

この地から道幅も狭い山道を登る。丸太材を用いた階段状の登山道が長く続く。山を登っていくに従い道の左、右に大きな岩が散在し、鏡山も花崗岩の山の様相を示す。ほどなく巨岩が三つ積み重なった「こんめ岩」に着く。その周囲には縄が張りめぐらされているが、変わった名称がどこからつけられたかはわからない。

林道を登って行くと道のそばに巨岩が立っている。なかには見上げるほど大きな岩もある。さらに進むと分岐点に「左、展望の広場」「右、みたらしの池」と書いた木製の標識がある。左側の道をとるとまもなく曲がり角に「竜王社」としるした小さな木札が雑木にぶらさげられていた。このあたりは岩がごろごろという感じだ。

さらに進むと山道が二つに分かれているが、右側の比較的新しい「貴船《きぶね》神社」の扁額がかかる鳥居をくぐる。そばに立派な石造常夜灯がある。まもなく右側に階段があり、その上部には目測四メートルぐらいの巨岩が二つ重なって屹立している。岩が重なり不思議な光景をなす。岩と岩との間には祠がまつられている。これが鏡山の磐座で聖なるところだ。鏡山もやはり、神が宿るにふさわしいみごとな磐座が存在している。

祠は竜王社といわれているが、鏡山が竜王山とも呼称されている由来はここにある。竜王は、記すまでもなく水の神であるが、鏡山はこの地域の恵みの水（農耕）を司る重要な山であることを物語っているといっても過言ではない。前述の古代に開かれた山麓の遺跡が多いことと無関係ではないだろう。

大きな磐座のうしろの道を登るとすぐ鏡山の山頂である。磐座と同じような高さに位置している。山頂は林間で眺望がきかないが、少しくだると展望台があり、湖東平野を一望することができる。

再び山頂までもどり「雲冠寺《うんかんじ》跡・下山方向」と書いた標識に従って、南の雑木林の中の少し急坂をくだる。林の中から随所に周辺の景色をみることができる。ちょうど中腹ぐらいにあたるのだろうか道の傍らに雲冠寺跡を示す大きな説明板がある。

雲冠寺について「箱石山雲冠寺《はこせきざん》御縁起抄」によれば、当寺は当初聖徳太子の創建であったが、弘仁二年（八一七）最澄（伝教大師）によって天台寺院として再興。しかし元亀二年（一五七一）兵火で焼亡し、廃寺となったといわれている。

現在廃寺となった鏡山の雲冠寺跡には、広い面積に石垣・石段・井戸跡・石仏などが残され、往時の姿をしのばせている。その一隅に横二一・九〇センチ、高二・四一センチ、幅一・五九センチの自然石に、室町時代と推測できる小さな地蔵三尊磨崖仏が彫られていた。そばにいた友人が「素朴でかわいい仏さんですね」とつぶやいたが、三尊とも柔和な表情で私たちに語りかけているようだ。山中での磨崖仏との出会いがより印象的であった。

山麓の竜王町須恵《すえ》の善通寺《ぜんつうじ》には、雲冠寺の旧本尊と伝えられている平安時代の木造千手観音像、同町山面《やまづら》の仏厳寺《ぶっかんじ》に正和五年（一三一六）在銘の石造宝《ほう》篋印塔《きょういんとう》残欠、さらに同町鏡の鏡神社に享禄四年（一五三一）銘の鰐口《わにぐち》にも「箱石山雲冠寺常住延永」と刻まれている。雲冠寺は廃寺となってはいるが、鏡山の寺院跡として寺院の伝存品が、現在でも近郊に大切に残されていることは、私たちに歴史への重みを感じさせてくれる。

山中の雲冠寺跡から石と石との間を通り抜け、やがて視野が明るくなってき

鏡山山頂の磐座と祠

た谷間の山道をくだる。山道に水が流れその中を進むという具合だ。やがて正面に大きな鳴谷池の水面がみえる。道は増水のために池の中に沈んだ状態で、迂回ルートをとる。この道が狭いうえに上り下りの急坂で驚く。鏡山の山頂をはじめ周囲の緑が美しく池に映し出す鳴谷池をまわるようにして山道をくだる。やがて大きな砂地に出る。登りの道と比べて道筋の状況がこのように変わるのかと思うほどで、瞬間どこに道が通じているのか迷うほどだ。まもなく広い道に出る。

太郎坊山

湖東地域の繖山《きぬがさ》（観音寺山）と相対して箕作山《みつくり》がある。箕作山は山なみを形成している。すなわち西から東南へ岩戸山・小脇山《おわき》・箕作山・太郎坊山（赤神山《あかがみ》）と尾根道によって連なる。そのために山頂が四つあることになる。岩戸山から登ることにする。近江鉄道市辺《いちべ》駅（東近江市）から阿賀神社を通り、万葉の森として知られる船岡山を経て、安土町内野の集落から岩戸山の山道に入る。登り口からよく整備された石段を登る。

比較的急な石段が延々と頂上近くまで続く。参道の左右には、四国八十八所霊場をはじめとする一〇〇をこえる石仏が安置されている。いずれも江戸時代の造立と考えられるが、精巧な技をみることができる。なかには紅白の白布が巻きつけられている大きな岩が目につく。このような参道は、近江ではあまりほかにみることがない信仰の道である。

その日参道を登るとき、数人の参詣者と出合った。私たちに「ようおまいりを」と声をかけられた。出合った人同志の「今日は早いですね」という会話を聞いて、この急な石段道をよく参詣されていることを垣間みた思いであった。

頂上近くには、屹立した巨岩が並ぶ。聖徳太子が彫ったと伝える十三仏は、摩滅が激しく見極めにくい。また、巨岩を背にした不動堂があるが、ここには岩戸不動がまつられている。私たちが登った八日が、不動の日にあたっていたので、堂前でおよそ十五人の人々が花を供え参詣されていた。その一人は毎月必ず参詣しているという。いまも生き続けている信仰の山であると実感した。

不動堂の横の巨岩の横から頂上に向かう。いたるところ奇岩・巨岩ばかりだ。友人が「ここにはなぜ見たこともない大きな岩が多いのでしょう」と話をしていた。この岩の規模は、後述するが同じ山系の太郎坊山の巨岩に相通じるものがある。

岩戸山からアップダウンが続く細い尾根道を進む。やがて小脇山（標高三七三・六メートル）の山頂に出る。ここから山系の一つの峰である太郎坊山の岩

岩戸山の山頂近くの巨岩

山を南にみることができる。この地点から同様の様相をした林の中の尾根道を進むと、こんどは箕作山の山頂（標高三七三・五メートル）に着く。小脇山と標高差がほとんどない。

この地点からこんどはゆるやかな山道をくだると道の分岐点にさしかかる。まっすぐ進めば、かつて聖徳太子が創建し、秘仏の木造千手観音立像（重要文化財）を安置する瓦屋寺《かわらや》へと通じている。瓦屋寺の背後の山には、座禅石とよばれる大きな岩、さらにその下方の巨岩の下部から古墳時代の土器の破片が出土し、古代の祭祀遺跡であったことを物語っている。

ところで、道を右に進めば、道の左側に太郎坊山（赤神山）頂上の標識がある。急な坂道を登ると、露頭した巨岩につきあたる。それを廻るようにして登ると、眼前に突然視界が広がる。ここが太郎坊山（標高三四四メートル）の山頂だ。巨大という以外に言葉がない岩盤を歩くのに思わず腰と足に力が入る。ここからの眺望は、岩戸山の比ではない。目の前に少し低いが大きな岩山が見える。これが太郎坊宮の背後にそびえ立つ巨岩のかたまりである。

再びもとの道にもどり坂道をどんどんくだると、太郎坊宮の横に着く。ここで岩戸山の登山口で手にして役立った竹杖を返却する。やがて十メートルははるかに超える屏風のような二つの岩が寄り添う。左側が男岩・右側が女岩の「夫婦岩」とよばれ、その間を通ることができる。神力によって岩が左右に開いたという。

それを通り過ぎると太郎坊宮の巨岩に接するように本殿がある。このような厳しい地形のところによく建造物が建立されたものだと驚く。

ところで、太郎坊山は、近江を代表する美しい円錐形の山容を誇っている。古くから神奈備山（神体山）として、地域の人々に崇められてきたが、その祭祀年代は不明である。山の名称となった太郎坊は、修験道の天狗信仰と関係が深いともいう。太郎坊山の登り口にある赤神山成願寺《じょうがんじ》は、最澄の開基の伝承をもつ。最澄が当寺を建立するときに、太郎坊山の天狗の助力を得たと伝えられている。

室町時代の天文十六年（一五四七）の『今堀日吉神社文書』によれば、成願寺の塔頭《たっちゅう》石垣坊に熊野権現講が結成されており、成願寺山伏は巨岩の多い太郎坊山を修験場とし、太郎坊山周辺の講衆を、紀伊熊野三山へ先達して案内をしていたともいわれている。

太郎坊山は、成願寺山伏いわゆる天台系修験と関係が濃密であったが、明治初年の神仏分離によって成願寺と太郎坊宮に別れた。同九年（一八七六）に太郎坊山の山腹に太郎坊宮をはじめとする社殿が建立されたのである。現在は東近江市野口町の先述の阿賀神社の管轄になっている。奥宮が太郎坊宮で、里宮が阿賀神社の関係にある。毎年十二月八日の「太郎坊山のお火焚《ひたき》」には、全国の山伏たちが集まり盛大に行われ、かつての神仏習合の姿をみせている。平成十六年の当日には三十万本の護摩木《ごまぎ》が燃やされた。

社殿から七〇〇段に及ぶ長い石段を降りると成願寺前に出る。ここからまっすぐ広い参道を歩いてふり返ると、視界いっぱいに三角錐の形をした太郎坊山の見事なたたずまいをみることができる。

太郎坊宮の夫婦岩

綿向山

綿向山《わたむき》は、嶽山・大嶽《おお》・朝日山・日野岳などとよばれている。地形的には滋賀県の最東部に位置し、鈴鹿山系にもつながり、日野川の上流にあたる。綿向山は、古くから伊吹・霊仙《りょうぜん》・比良の各山と並んで近江の「四箇の高山」ともよばれていた。標高一一一〇メートルを有し、日野町域のシンボル的な山だ。山の標高値から取った十一月十一日は、毎年「綿向山の日」として知られ、平成十六年の当日には、約一〇〇〇人が登山したという。

綿向山の登山口は、蒲生郡日野町北畑《きたばた》である。地元の塚本さんによれば、かつては北畑から入山する前に大祓いの神をまつる佐久奈度《さくなど》神社（現存）に詣でてそして山に向かったという。現在は北畑口から登山道への標識によって進む。

私たちは西明寺《さいみょうじ》集落の北東から水木《みずき》林道を三合目まで車で行き、その地点

綿向山　日野町西大路付近から望む

から歩いた。登山道は、蛇行しながらの坂道であるがよく整備されている。やがて五合目の避難小屋に着く。小屋の老朽化が進んだことで、平成十六年十月に「綿向山を愛する仲間」によって立派に修復された。この地点から真向かいに竜王山（標高八二六メートル）をはじめ日野地方の眺望ができる。

再び林の中の坂道を登ると七合目の「行者コバ」とよばれる平地に出る。ここには「日野綿向行者尊」の石標や、役小角《えんのおずね》像・不動明王像と祠が安置されている。看板によると「現在の登山道は明治時代に開かれたが、それまではこの尾根の北の谷であるタカオチ谷を登ってこの行者コバに着く。中世に多くの山伏たちが入山したが、ここで服装を整える儀式をしたところからその名称が生まれた」とある。修験にふさわしい伝承といえるだろう。

この付近からはいままでの杉・檜などの人工林はすべてなくなり、ブナの原生林が一面に広がり、独特の樹相をみせている。一幅の絵画を見るような景観を呈し、気持ちがなごむ。再び登山道を進むと、道のそばに「金明水《きんめいすい》」という湧き水を示す標識がある。実際にここでくんでもらった水を飲んだが、ひときわおいしかったことを思い出す。

綿向山の七合目の「行者コバ」

八合目あたりから次第に眺望が開ける。熊笹の中を進むと、やがて階段にたどりつき、それを一気に登り切ると山頂である。三合目からここまで約一時間四十分を要した。比較的広い頂上部には鳥居と大嵩《おおだけ》神社（嶽神社）とよばれる小さな祠がある。

これは、山麓の日野町村井に鎮座する馬見岡《うまみおか》綿向神社の奥の院いわゆる奥宮・山宮にあたる。里宮にあたる綿向神社の五月三日開催の祭礼「日野祭」には、豪華な十六基の曳山が出ることで著名だ。

山頂の大嵩神社では、五月三日の本祭りに先立って毎年四月二十日に「嶽祭り」が行われる。「迎え祭り」ともいわれ、当日地元の代々勤める桜本さんの先導で、綿向神社の杜宮司・氏子世話人などの人々が参詣し、祝詞《のりと》が奏上される。いわゆる神迎えの儀式である。

奥宮は、二十一年に一回榧《かや》の木で建て替えられ、現在まで七十五回の式年遷宮を数えているという。奥宮と里宮の密接な関係を現在に伝えている。このことからも綿向山は、神奈備山（神体山）の要素を現在に色濃く残しているといえよう。

綿向山　山頂の奥宮

広々とした山頂から東には、ほぼ同じ目線で鈴鹿山系の一つ偉容を誇る雨乞山（標高一二三八メートル）や特異な山容をした鎌ヶ岳（標高一一六一メートル）などを眺望することができる。綿向山の一一一〇メートルという高さを思わず実感するほどだ。

ところで、綿向山の名称は綿向神社の祭神天穂日命《あめのほひのみこと》ほか三神が、綿向山の山頂に降り立ったとき雪が降りまるで綿に包まれていたことによる説や、地域がかつて養蚕の盛んであったことから「わたつむぎ」が転訛《てんか》したともいわれている。

そして、綿向山は古くから山岳信仰の対象となり、中世には修験道の山として知られていた。ちなみに、享保十九年（一七三四）編の『近江輿《よ》地志略』の綿向山の頃に

相伝、古昔は近江一円の山伏大峯入りになぞらへ、此の山に登りしよし。

山伏居場は山伏休息の場なりといふ

とあり、先述した「行者コバ」にもふれ、修験道の実行を物語っているといえよう。

また、綿向山の南西山麓の熊野《くまの》とよばれる集落には、紀州熊野にまつられている熊野権現の分霊を勧請《かんじょう》したと伝えられている。神社の前には樹齢一〇〇〇年といわれる国指定の天然記念樹「タコ杉」がある。その地から約一五〇〇メートル綿向山に向かってわり入ったところに、落差およそ十二メートルの熊野の滝がある。これについて『近江輿地志略』に権現滝として「高五丈許《ばかり》、那智滝に準じて甚大観なり、此滝日野川の水源なり」と記されている。

滝への道の傍らには石仏や丁石が随所に見られ、信仰をもった滝であることがうかがわれる。屹立する十二メートルをこえる巨岩と巨岩の間から轟音をたてながら流れ落ちる滝は、神の滝として畏敬をもって崇められてきたのであろう。毎年九月八日には、里人によって「お滝まつり」が行われる。

さらに、同じ山麓の北蔵王の集落にある金峰《きんぷ》神社には、蔵王《ざおう》権現の分霊が勧請されている。このように綿向山は山麓についても、紀伊熊野の修験道と密接な関係を有していたことを垣間みることができる。

繖山

繖山《きぬがさ》は、上空からみると繖の字があてられているように、絹布を張った傘をひろげたような山容をしている。湖東平野の湖に近い部分に位置し、標高四三二・九メートルのよく目立つ山である。

繖山は、山頂近くに西国三十三所観音霊場の第三十二番札所観音《かんのん》正寺《しょう》や、近江佐々木六角氏の居城観音寺城跡があり、一般に観音寺山とよばれ親しまれている。

繖山の登山口は、旧中山道沿いの安土町石寺《いしでら》の集落からである。日吉神社の横をつづら折りの石段を登る。比較的急な登山道の上部に休憩所にあたる和労堂があり、ここからの湖東平野の眺望はすばらしい。和労堂を過ぎるとほどなく観音正寺に着く。山麓から約一千段の石段を数え、所要時間はおよそ四十分

上空から見た繖山の全景。左に安土山がみえる

である。

山の斜面を切り開かれたところに観音正寺の本堂・護摩《ごま》堂・庫裡《くり》などが並ぶ。寺伝では奈良時代に聖徳太子が創建し、平安時代に観音霊場となり朝廷・公家などの祈祷道場となった。のち近江守護佐々木六角氏の保護をうけたが、自然の要塞をなす繖山に同氏の居城としての観音寺城の築城にともない、観音正寺は山麓の谷に移された。

戦国時代に当寺も戦火にあったが、慶長十一年（一六〇六）当寺の塔頭教《きょう》林坊宗徳《りんぼうそうとく》によって現在地に再建されたという。本堂は近年焼失し、平成十六年再建され、巨像のみごとな白檀《びゃくだん》による千手観音坐像が安置されている。

観音正寺から東へおよそ三〇〇メートル進むと、左側に当寺の奥の院入り口を示す石標がある。それに従い急な石段を登ると、左側に巨岩がいくつも重なりあって頂上へと続く。その巨岩の奥にはさまれるように権現とよばれる祠《ほこら》がある。

さらに三〇メートルほど登ると、天をつくような数個の巨石が眼前にせまる。傍らにいた友人が思わず「これはいったいどうなっているのでしょうね」とつ

観音正寺奥の院

ぶやくほど異様な様相を呈している。県下には太郎坊山・岩尾山・太神山など巨岩が大きく露頭しているが、このように巨岩が重なりあっているところはめずらしい。

そして、巨岩と巨岩との間にはさまれるように、幅約二メートル、縦一・五メートルの小堂が建てられている。これが観音正寺の奥の院だ。小堂の内部には巨岩の一部が見えるだけである。いわゆる奥の院の内陣の本尊（神体）は巨岩で磐座を象徴し、小堂は外陣に相当する。県下では岩尾山がその様式をとっていたが、最近崩壊しみられなくなった。繖山もまさに古代の山岳信仰の根源をみる思いがする。古代から奥の院は、聖地として人々にあがめられてきたのであろう。

奥の院から山へのびる山道をほどなく登ると繖山の頂上部に着く。その左側の巨岩の上に「佐々木城址」の石碑が建てられているのには驚いた。ちょうどこの巨岩が、さきほどの奥の院の本尊にあたる。何と不見識のきわみといえるだろう。

山を少しくだり再び観音正寺へ、本堂前から山道を進むと国指定史跡の観音寺城跡がある。いまだに石垣などが残る本丸跡を通り山道を何回も曲がりながらくだる。やがて美しい檜皮《ひわだ》葺の落ち着いた雰囲気をもつ桑実寺《くわのみでら》本堂（重要文化財）のところに出る。かつて織田信長が、室町幕府十五代将軍足利義昭を当寺に迎えたことはよく知られている。

ところで、繖山の峰続きの北には支峰八王子山がある。その頂上には繖峰三《さんぽうさん》神社の奥宮が位置する。山と神社の名称は、大津市坂本の日吉大社と同じように二宮・八王子・三宮の三神をまつることによる。五月三日の祭礼は、伊庭《いば》祭りとよばれて、一般に「伊庭の坂下し祭り」として知られている。

前日に頂上の繖峰三神社まで神輿《みこし》上げを行い、当日山頂から重い三基の神輿をおろす。急坂のうえに断崖の岩場を若衆たちが、神輿をひきおろすスリルあふれる勇壮な祭りである。このような激しい祭りは、県下では例をみない。四月十二日夜の坂本山王《さんのう》祭の八王子山（牛尾山）から神輿を山麓へかつぎおろす行事と酷似している。

また、繖山の山麓には、広い石段の参道を有する聖徳太子の開基伝承をもつ古刹石馬寺《いしばじ》がある。寺号は、かつて聖徳太子が諸国巡行中に繖山を訪れ、山麓の松の木に馬をつなぎ、山上からもどると馬が化石となっていた。太子は霊異を感じてこの地に一寺を建立したことにはじまるという。参道の途中の行者堂には、鎌倉時代の優品の木造役行者《えんのぎょうじゃ》及び二鬼像（重要文化財）が安置されているが、鎌倉時代の役行者（役小角）像は、全国的にみてもきわめて遺例が少ない。

長命寺山

琵琶湖の東部に湖に大きく突き出た美しい山なみを見ることができる。これが長命寺山（姨綺耶山《いきや》）・北津田山である。かつて大きな島で島村・奥島の地名が冠せられ、その山塊は奥津島山・奥島山とも呼称されていた。

いまもその山麓は、近江八幡市島学区《しま》（円山《まるやま》・白王《しらおう》・奥島・北津田・中之庄・長命寺・沖島）とよばれている。北津田町には延喜式内社であった大島奥《おおしまおく》津島《つしま》神社が鎮座する。島学区の各集落では、四月中旬にみごとな「松明祭《たいまつ》」が繰りひろげられる。また、この付近の山には、アケビ科の低木ムベが自生、奈良時代この地を訪れた天智天皇《てんじ》が発したことばとされる「むべなるかな」はムベが語源となったという伝承が残されている。

それはともかく長命寺山・北津田山の登山口は、長命寺の参道石段八〇八段の上部にある左側の駐車場からである。駐車場から少しくだるとカーブするところに登山口の小さな標識がみえる。すぐ細い山道に入る。道の右側に小さな石仏が数基並んでいるのが印徴的だ。

坂道を登り樹間に琵琶湖をみながら進むと長命寺山頂へ通ずる道の分岐点につく。それを左側にとり道を進むとやがて長命寺山と分かれ尾根道から北津田山の登山道に入る。登り道の左右に岩が点在し、なかには岩場もある。

やがて頂上にたどり着くと、鳥居と小さな祠と長さ約八メートル、幅二・七メートルの巨岩をみることができる。これが天之御中主大神《あめのみなかぬしのかみ》の奥宮として信仰される磐座である。そのうしろがすぐ標高四二四メートルの山頂にあたる。巨岩の露頭の磐座の存在からも、北津田山も神体山としての色彩が濃い。

山頂から長命寺山頂へ通じる分岐点まで引き返す。しばらく山道を登ると標高三三三メートルの長命寺山の山頂にたどりつく。そこには大きな石と木があるだけである。再び登山口までもどり長命寺を訪れる。

長命寺は、西国三十三所観音霊場第三十一番の札所である。寺伝によれば奈良時代に武内宿禰《たけのうちのすくね》が姨綺耶山に登って、柳の大木に「寿命長遠諸願成就」と

日野川河口付近から望む長命寺山（手前）と北津田山

刻み、長寿を祈願。その後聖徳太子もこの山に登り、寿命長遠の字をみていると、老翁が現れ「この霊木で仏像を刻み、それを安置する伽藍《がらん》を建てよ」とのお告げを受けた。太子は大木に十一面千手観音像を彫り建物を建立。そして、寿命長遠にちなんで長命寺と名付けたという。

年代はくだるが当寺の詠歌の「八千《やち》とせや柳も長き命でら　運ぶ歩みのかざしなるらん」は、寺院の縁起をよく象徴していると考えられる。長命寺山の山頂近くのところに位置している長命寺には、美しい檜皮葺の三重塔・護摩堂・本堂・三仏堂・護法権現社・鐘楼がほぼ一線に並ぶ見事な寺観はほかに例をみない。そして、本堂の内陣には秘仏の平安時代前期の木造十一面観音立像、平安時代後期の木造千手観音立像がそれぞれ安置され、当寺の歴史を物語っている。

とくに長命寺で注目されるのは、前述の建造物の背後の山にそそり立つ巨岩が露出していることである。ちなみに本堂のちょうど背後に変わった形状をした巨岩の「六所権現影向石《ようごうせき》」があり、これは武内宿禰がこの岩の上で長寿を祈ったことから祈願石ともいわれている。影向石の前にわざわざ本堂が建立され

国の重要文化財指定の建造物が並ぶ長命寺

たのではないかと思われるほどだ。また護法権現社のうしろには、武内宿禰の御神体という「修多羅岩《すたら》」がある。この岩の巨大さにも驚く。太郎坊権現社にも左右に巨岩をみることができる。

江戸時代末かと推定される「長命寺境内絵図」（長命寺蔵）には、これ以外にも多くの岩が建造物の周囲に描かれている。これからも長命寺境内は、かつての古代祭祀としての磐座信仰を有し、古代信仰の場として存在していたことが推定される。のちに天台系寺院として長命寺が建立されたことを物語っている。

ところで、北津田山の北端にある伊崎山《いさき》（標高二一〇・四メートル）の突端に、姨綺耶山伊崎寺（天台宗）がある。当寺は当初役行者が開き、のち平安時代に天台修験の祖相応が開いた、葛川明王院・比叡山無動寺と並んで天台修験の道場となっている。毎年八月上旬には伊崎寺不動堂の岩壁から、湖中に竿が約十メートル突き出され、その先端から湖面に飛び込む全国的に類例のない「伊崎の竿《さお》飛び」の行事が行われる。

青竜山

日本を東西に分断する鈴鹿山脈の西麓（琵琶湖側）には南から永源寺、湖東三山（百済寺《ひゃくさいじ》・金剛輪寺《こんごうりんじ》・西明寺《さいみょうじ》）といった古《いにしえ》に威勢を誇った巨刹が並ぶ。その北にある三三三メートルという小高い山が青竜山《せいりゅうざん》である。麓の胡宮《このみや》神社には天照大神《あまてらすおおみかみ》を誕生させた伊邪那岐《いざなぎ》と伊邪那美《いざなみ》という日本の祖神が祀られ、山全体が御神体であるという古代山岳信仰の霊山である。

かつては山の西北側に聖徳太子の発願《ほつがん》と伝えられる敏満寺という湖東三山に並ぶ巨大寺院が存在した。源平の合戦で焼かれた東大寺の再建のため全国を歩いた俊乗房重源《しゅんじょうぼうちょうげん》が、延命祈願のため七日間の参籠《さんろう》をおさめたことはよく知られるところである。少し北には「長寿の神」として全国的に多くの信仰を集めた多賀大社があるにもかかわらず、重源がここを訪れたのはなぜだろうか。

奈良時代仏教の力によって国を護ろうとした聖武《しょうむ》天皇の発願により東大寺の大仏が建立されることになったが、その資金を得るため全国の寺院を巡り勧進した遊行僧行基が湖北や敏満寺を含めた湖東の寺院に多くの足跡を残したことと無縁ではないだろう。時代がくだり元亀《げんき》二年（一五七一）、延暦寺に加勢したゆえに、織田信長によって焼き討ちされ、以後再建されることはなかった。

その敏満寺跡の南、国道三〇七号と名神高速道路が交差する付近に胡宮神社の石造の鳥居が見える。その鳥居をくぐると左に多賀町歴史民俗資料館があり、その先の左手に「神の森の頂上へ五七〇メートル　ここからいわくらのみち」という標識がある。ここが青竜山の登山口である。登山道はハイキングコースとして整備されていた時期もあったようで、幅も歩きやすい道が続く。十分ほど山道を登ると、小さな祠《ほこら》があり、中に大小二つの岩が入っていた。その前には辺りに群生するウラジロの葉の上に二匹の新鮮な鯛が供えてある。山全体が伊邪那岐と伊邪那美という夫婦神を祀る霊山であることから、小さな祠の二つの岩も仲のよい夫婦のように見えてくる。

そこからまた十分ほど山を登ると「御池　ここから五十メートル下」という

多賀町敏満寺から見た青竜山

高札が立てられていた。矢印のとおり少し山を下ると、高さ一メートルほどの竹製の杭に囲まれた「御池」にたどり着いた。それは直径約二メートルの小さな湧水池である。高札によれば、神の前で身を清めるためのいわゆる禊《みそぎ》の場と、旱魃《かんばつ》の際の雨乞《あまご》いの場所であったという。これはこの山が神が宿る霊山であることと、水を必要とする農耕を中心とした巨大集落を見下ろすランドマークとなっていたことを意味するのではないだろうか。

ここをあとにして山道にもどり再び山頂を目指すと、「いわくらの道」という矢印と「山頂」という矢印が別れ道をつくっていた。左の道をとり磐座《いわくら》を目指した。倒れた巨木を横目に山道を数分進むと、目的の磐座が見えてきた。巨大な岩が重なって斜面に張り出し、その下には小さな祠が安置されている。この祠には龍神が祀られ、さきほどの御池と同じく雨乞いの神として信仰を集めている。

下にある立札を見ると、この磐座こそが古来より当山の山岳信仰の中心として崇められてきた神であり、麓の胡宮神社の本宮であると記されていた。そこには伊邪那岐と伊邪那美の両神については語られていなかった。元来、神社や祠という建築物ははじめからあったわけではなく、特殊な形をした磐や樹齢の高い樹木に神が宿り、そこから原始信仰が生まれたとされている。伊邪那岐と伊邪那美の両神は八世紀初頭に書かれた記紀（古事記・日本書紀）にはじめて登場する。したがって胡宮神社の祭神となったのは少なくともそれ以降であるが、磐座に神が宿り山を御神体とした山岳信仰がはじまったのは、それよりもかなり以前であると考えられる。

そこを折り返して山頂を目指した。そこから約二十分、山道を登り山頂へたどり着いた。山頂までに数カ所琵琶湖に向かって眺望が開けた場所があり、彦根の城影や遠くは竹生島までが遠望できた。山頂まではゆっくり登って一時間の道のりであった。山頂には「青竜山三三三ｍ」という表札があり、その下に「花の森↓」という登りとは逆となる山の南側を降りる帰路を示す表示がされていた。その道を進んだが、雑草におおわれてわからなくなったので引き返すことにした。昭和五十年代生活環境保全林として山全体が環境整備されたが、今では北側となる磐座と山頂までの信仰による道のみが残っている。

下山の後、山の西側にある用水路「大門池」のほとりから、水面に映る青竜山の稜線をながめてみた。中国の古代の思想によると、方位を守護する神として、北の玄武《げんぶ》、南の朱雀《すざく》、西の白虎《びゃっこ》とならんで東は青竜とされ、同時に青竜は水の恵みを司る神でもあると信じられてきた。青竜山の稜線は二つの頂を持つために、ちょうど竜の背がうねるようにみえ、琵琶湖の豊かな恵みと、そこに暮らす人々の営みをその東方から静かに見守っているようにみえる。

（加藤賢治）

伊吹山

滋賀県と岐阜県との県境にそびえる伊吹《いぶき》山は、標高一三七七メートルを有し、県下で最も高い。しかもその山麓も広く堂々とした勇姿をみせている。その名称にふさわしい自然の「息吹き」を感じさせる山だ。気候的にも日本海型の末端に位置し積雪も多い。

古くから霊峰として親しまれ、秀平文忠氏によれば岐阜・滋賀・愛知・三重の四県で、伊吹山が校歌に登場する学校は約三七〇校にのぼるという調査がある。いまも日本百名山に数えられ、四季を問わず登山する人が多い。

伊吹山の歴史は古い。すでに「荒ぶる神」が支配する山として、奈良時代の『日本書紀』『古事記』に登場している。伊吹山神が巻き起こす厳しい嵐が、ヤマトタケルノミコトを倒したことで知られ、神の坐す山としてみられてきた。

いわゆる古代から山岳信仰の対象として認識されていたのである。

平安時代に山林修行者の三修《さんしゅ》（八二九～九〇〇）が伊吹山に入った。『三代実録』の元慶二年（八七八）の条によれば

詔して近江国坂田郡伊吹山護国寺をもって定額《じょうがく》に列す。（中略）仁寿年中（八五一～五四）この山に登り至る。その形勢を観るに四面は、計絶し人跡は希《まれ》に至る。昔日、深草聖皇（仁明《にんみょう》天皇）一精舎を建てて薬師如来を修せしむ。三修居止して以降歳月ようやく積もりて堂舎数有り、誠に雲構にあらずといえども霊山に近し（下略）

とあり、三修が伊吹山に入った当寺の様相を綴っている。三修は自ら創建した伊吹山護国寺を定額寺（朝廷が保護した官寺）に昇格させる。

鎌倉時代に伊吹山では、伊吹四ヵ寺とよばれる堂舎が山の中腹を中心に建立された。すなわち弥高《やたか》護国寺・太平護国寺・長尾護国寺・観音護国寺である。四ヵ寺は、平安時代の『延喜式』に登場する伊夫岐《いぶき》神社の別当として社務も行

伊吹山三合目に見られる磐座

っていたという。現在では四ヵ寺の堂舎はほとんど残されていないが、廃寺跡や文化財などをわずかにみることができる。

弥高護国寺（弥高寺）は、いまも伊吹山の中腹に本寺跡や支坊跡が広がり「弥高百坊」とよばれ、平成十六年に国の史跡に指定された。支坊の一つ悉地《しっち》院（真言宗豊山派）が標高三三〇メートルの位置にある。平成十七年二月の長浜城歴史博物館企画展「近江湖北の山岳信仰」には、かつて弥高百坊に安置されていた木造大日如来坐像（庵寺観音講蔵）をみることができた。平安時代前期の造像で、伊吹山に伝存する仏像のなかで最古ともいわれている。長尾護国寺の支坊の一つ総持寺（米原市大久保）には、平安時代中期の木造毘沙門天立像を安置。この二躯だけが伊吹四ヵ寺を知る貴重な遺例といえるだろう。

また、米原市朝日にある観音寺は、もとは伊吹山麓上野にあった観音護国寺の法灯を伝えている。当寺には鎌倉時代の木造最澄坐像（重要文化財）をはじめ、多くの古文書類が残されている。さらに年代がくだるが、仏師で修行僧の円空《えんくう》が全国巡行中に伊吹山の平等岩で修行した。そのときに造像した木造不動明王立像（米原市光明寺蔵）や、元禄二年（一六八九）の墨書銘をもつ木造十

「伊吹山」の山号をもつ弥高百坊の一つ悉地院

一面観音立像（米原市太平観音堂）が伝存する。

ところで、伊吹山への登山口は、米原市上野である。三宮神社の右手の道の傍にある大きな石造常夜灯のところから登山道がはじまる。一合目から二合目の道を少し入ったところに松尾寺・白山神社がある。神社の前に磐座をみることができる。三合目は傾斜のおだやかな自然公園となっている。標高七〇〇メートルを超えたところで、このあたりから頂上部分を正面にみることができる。公園の北隅にヤマトタケルを祀る石造の祠があり、寄進者は旧中山道柏原宿の伊吹艾《もぐさ》亀屋佐京であるのが興味深い。伊吹山の薬草については、かつて織田信長がポルトガル人の宣教師に植えさせたといわれている。しかし平安時代の「延喜式」によると、全国から収納された薬草の量は、近江が第一位であることから古代から伊吹山の薬草はよく知られていたのであろう。

伊吹山の山頂には、ヤマトタケルの像や伊吹山寺がある。伊吹山には中世以降大《だい》乗《じょう》峰《ほう》とよばれる修験道があったが、近年吉田慈敬氏によって再興された。山頂のもと石室跡に建てられた伊吹山寺はその拠点である。

己高山

己高山《こだかみやま》は、伊吹山系の一角を占めているが、伊吹山と並んで湖北を代表する山であり、その知名度は高い。すでに述べたように己高山は、かつて湖北の仏教文化発生の中心となっていた聖なる山である。

現在でもその系譜をひく貴重な文化財が、山麓に数多く残されている。己高山の標高は九二三メートルで、近江では高い部類に入る山だ。湖北に入れば、なだらかな己高山を眺望することができる。その登山口は、伊香郡木之本町古《ふる》橋《はし》である。

古橋の集落の高台には、式内社の與志漏《よしろ》神社をはじめ、かつて己高山の山頂近くにあった旧鶏足寺《けいそくじ》や、山の中腹に位置していた別院の旧蔵のすぐれた文化財を一堂に収蔵した己高閣《ここうかく》・世代閣《よしろかく》などがある。現在当地域の文化拠点となっている。この高台から東北に大きく横たわる己高山をよく眺めることができる。

高台の東側の下を通っている道を山に向って進むとほどなく、己高山登山道を示す木製の標識がある。それに従って比較的平坦な林道を、右側に高時川の支流をみながら杉木立の中を歩むと、大きな矢印を付した「己高山登山道」と書いた標識が目に入る。さらに林道を進むと、道の脇に「鶏足寺跡、一五〇〇メートル」と書かれた標識がある。

ここからは、いままでの少し道幅のある林道とはがらりと変わり、道幅も狭く急な登り道となる。しばらく樹林の中を歩くと思わず細い道の方向が定まらなくなった。幸いなことに道の脇の灌木《かんぼく》に赤色のペンキが塗られたり、青色のビニールテープが巻きつけられたりして、これが私たちに登山道を示す格好の目印となっていた。平地の道標と同様に、山道におけるこの善意の行為が、初めて己高山をめざすものにとってどれだけ心強いかが身にしみる思いだ。

山を登っていくにつれて、次第にいままでの樹林から樹相も変わり、視界も開け湖北の山々を見ながら熊笹の中を進む。やがてT字路にさしかかる。頂上の方向は左であるが、六地蔵の標識に従って右におよそ一三〇メートル少しく

標高830メートル付近にある旧鶏足寺跡

だると、六地蔵とよばれているところに着く。

石造六地蔵は、礎石群と整備された土盛りに囲まれていた。ほぼ中央に定印を結ぶ阿弥陀如来坐像、左右に三体ずつ地蔵菩薩坐像が整然と西に向って横一線に並ぶ。中央の阿弥陀如来坐像は、その形姿から室町時代の造立と推測できる。全部で七体の石仏であるが、一般に六地蔵とよばれている。

これだけの高い場所に六地蔵が安置されているのは、管見の限りでは近江でここだけである。ちょうど六地蔵のところが迷界と幽界の境を示しているのだろうか。信仰の山己高山にふさわしい石仏といえるだろう。

再びT字路のところまでもどり、山頂をめざす。このあたりから登山道は一段と険しく、両側の灌木の根っ子を交互に持ちながら登る感じだ。しばらく進み送電線の鉄塔を左にとり進むと、大きな岩が露出するところに出る。岩が道を防ぐように地表に露出し登りにくくなっており、「馬止・牛留」と書かれた標識を木之本町観光協会が作っている。かつて寺院まで物資を運ぶのに馬はここまで、その上の台地（牛留）からは牛が運んだといわれている。

このあたりは、右側が大きな谷となっているため視界が開け、眺望も雄大である。眼下には湖北の山が折り重なり、南の方向には姉川や浅井長政の居城小《お》谷城《だにじょう》のあった小谷山、そのはるか向こうに琵琶湖までもみることができる。

そしてひたすら尾根道のような山道を歩く。少し坂道をくだると湿地のあるところに出る。山畔から水が流れ、石組みも見られることから庭園の跡なのだろうか。その地から再び坂道を登ると、人工的に整地されたような広い平地が前面にあらわれる。これが鶏足寺跡だ。地元の木之本町教育委員会によって駒《こま》札《ふだ》が建てられている。

己高山は、室町時代の応永十四年（一四〇七）の「近江国伊香郡己高山縁起」には、己高山は近江国の鬼門《きもん》（東北隅）に位置し、古くから霊山として修行道場であった。僧行基《ぎょうき》（六六八〜七四九）が己高山を勝地として選び、草庵および仏像を刻む。のち僧泰澄《たいちょう》（六八二〜七六七）が己高山に入り行門を建立。その後最澄（七六六〜八二二）が同じく己高山に入り、白山白翁の託宣により再興し、自らも十一面観音像を刻んだという。ちょうど己高山は京都の鬼門が比叡山のように、近江の鬼門にあたる方向にある。己高山の鬼門は、泰澄の開いた白山に相当するといえるだろう。

また、少し年代がさがるが嘉吉元年（一四四一）の「興福寺官務牒疏《かんむちょうそ》」によれば、己高山五カ寺として次のようにあげている。すなわち法華寺《ほっけじ》・石道寺《しょくどうじ》・観音寺（己高山にあって僧房百二十・衆徒六十口・本尊観世音・泰澄大師開基・己高山随一也）・高尾寺・安楽寺、観音寺の別院として飯福《はんぷく》寺・鶏足寺・円満寺・石道寺・安楽寺の六カ寺を記載。このように己高山には、中世までには多くの寺院が存在していたことを示している。

さらに『近江古寺風土記』によると、いつごろからか己高山の山頂に、大正時代まで残っていた観音堂を鶏足寺と呼ぶようになったとある。現在、己高山の頂上部に残されている寺院の遺構がこれに相当する。

己高山の標高およそ八〇〇メートルに位置するところに、寺院跡が存在したことは、ただ驚きの一言につきる。その中央には二、三段の石組みをめぐらした台地となり、ここが鶏足寺の中心堂舎というべき本堂もしくは観音堂跡と考えられる。その隅には総高約八五センチの石造五輪塔や、室町時代以前と思われる総高およそ九四センチの石造宝篋印《ほうきょういん》塔がある。それ以外にも石塔の残欠が見られる。

そして台地の上には、さらに高い石組みが施され、その一角に「伊香具《いかぐ》阪（坂）

奈良時代の堂々とした木造薬師如来立像（己高閣 鶏足寺蔵）

神社旧跡」と刻まれた石標もある。また、平地の北西の隅には、いまも水が流れ落ちている大きな庭園跡がみられる。平地の下段には僧房跡と考えられる空間地が広がる。現在でもこの地は、かつての大寺鶏足寺を偲ぶに十分な雰囲気をとどめている。このような高いところに、これだけの寺院がどうして造立されたのかを思いながらさらに山頂をめざす。

尾根道を赤色のペンキやビニールテープを目印に急な登り道を進むとやがて頂上に着く。古橋の登山口からちょうど二時間半の行程だ。頂上は平地になっていて、熊笹などで覆われているが、その地におよそ高さ一・三メートルの自然石があり、注連縄が巻かれている。これが近江のほかの山の頂上に見られる祖神が宿る磐座《いわくら》に相当するのであろう。その近くに三角点がある。

頂上から北東に己高山よりも高い伊吹山系の奥山（一〇五六メートル）・金《かな》糞《くそ》山（一三一七メートル）・横山岳（一一三一メートル）などが眺望することができる。これらの山々は、石川・岐阜両県にまたがる日本三霊山の一つの白山（標高二七〇二メートル）につながっている。

筆者は鶏足寺跡を経て己高山の山頂まで登ったが、それ以外に山腹、山麓には飯福寺跡・石道寺跡・法華寺跡などのかつての古寺跡がある。なかでも飯福寺跡は、いまでも趣のある参道や多くの坊跡をみることができる。また、山麓に移された石道寺には、朱色の口紅が残る平安時代の木造十一面観音立像（重要文化財）が残されている。私の最も好きな十一面観音像の一つである。最初に拝見してからすでに二十五回はこえているだろう。

ところで、己高山に登ってみて己高山は単なる高山だけではない。かつて山頂近くや中腹に寺院が造立され、現在では廃寺となってはいるが、残された貴重な文化財は長きにわたって地域の人々によって守られ、己高山そのものが人々の精神的な支えになっていることを実感した。

大箕山

大箕《おおみ》山は、湖北の余呉湖《よごこ》の東側に連なる山の一つである。標高四五七メートルを有しているが目立った山容はしていない。大箕山への登山道（参詣道）の入口は、余呉町坂口である。

その入口には「天満宮古跡」「菅山寺《かんざんじ》十四丁　準西国八十八所」と刻まれた石標と、大箕山の扁額をもつ朱塗りの大鳥居があり、格好の目印となっている。山へ通じる道を進むと左側に山上の菅山寺の里坊弘善館《こうぜんかん》がある。北陸自動車道の下をくぐり坂道を登る。頂上まで一五〇〇メートルの道のりだ。

道の左右には、石造弘法大師像八十体があり私たちを導いてくれる。ちょうど中ほどにあたるのだろうか、自然石に彫り出された石仏が安置されている。磨滅が激しく仏像名は判別がつかないが室町時代はくだらないだろうと思われ

菅山寺の樹齢およそ1000年という大欅

た。

やがて道は尾根にあたる坂の上にたどり着く。ここから眼下に大岩山・賤《しず》ヶ岳、静かにたたずむ伝説の湖の余呉湖をみることができる。このあたりから少し坂をくだる。やがて広大な菅山寺に到着する。このあたりは静寂そのものだ。まず目にとび込んでくるのは、山門横にある欅の大木二本である。その一本は幹周り六・二メートル、樹高十五メートル、樹齢一〇〇〇余年とされ滋賀県指定の天然記念物。岩のような大きな根元部分を有し、何回かの落雷によるのか中が空洞になっている。平安時代の政治家・学者の菅原道真のお手植えのものとの伝承がある。

境内には本堂・護摩堂・如法《にょほう》経堂《きょう》・庫裡《くり》・鐘楼などが現存している。本堂前の参道の両側には、苔むした石垣が見られかつての大寺を物語っていよう。さらに境内には樹林に囲まれた大きな朱雀《すじゃく》池があり、池の中には弁財天堂もある。このような山上に、水を満々とたたえたこれだけの大きな池が存在していることに驚くばかりだ。比良山系の山頂部にある小女郎が池を思い出す。道真が池畔で自らの姿を水に映し像を刻んだところから「姿見《すがたみ》の池」ともよばれて

平安時代の木造十一面観音立像（菅山寺里坊弘善館蔵）

いる。また、請雨《しょうう》に効験のある霊池であるともいう。池のそばに五所権現社や近江天満宮がある。

ところで、菅山寺は縁起によれば、もともと龍頭山大箕山とよばれ、天平宝字八年（七六四）初代照檀《しょうだん》が、孝謙天皇の勅命をうけて建立された。その後道真が六歳から十一歳まで本寺で学び、寛平元年（八八九）道真が三院四十九坊の寺院として復興し、名称も菅原道真の一字をとって大箕山菅山寺に改めたという。

道真と菅山寺の関係を示す起源は不明ではあるが、室町時代の嘉吉元年（一四四一）の記録書である『興福寺官務牒疏』によれば、菅山寺について「大箕山寺は同郡余呉の東の嶺にあり、また菅山寺と称する。僧房百五宇、承仕二十口、衆徒十七口、末寺七十余寺（中略）しかるのち宇多《うだ》天皇の寛平元年、菅相公が中興。本尊五智如来（中略）、鎮守は白山・天満天神之両社」とある。これからも中世には菅山寺は隆盛を誇っていたことがうかがえる。

菅山寺の寺宝類は、里坊弘善館に移されている。平安時代のめずらしい木心乾漆《かんしつ》像の十一面観音立像や鎌倉時代の不動明王像などが安置され、かつての大寺であったことを物語る。さらに本堂前の鐘楼には、鎌倉時代の建治《けんじ》三年（一二七七）銘の銅鐘が吊され、国の重要文化財に指定されている。そのほか慶長十八年（一六一三）徳川家康の求めに応じ、寺僧の専暁が請来した宋版大蔵経《だいぞうきょう》（現重要文化財）を江戸増上寺《ぞうじょうじ》に寄進、その代償に寺領五十石が与えられている。

毎年九月二十五日には、菅山寺開基照檀・菅原道真・中興の祖専暁を供養する秋の大祭が、近江天満宮（菅原神社）と菅山寺本堂で合同で行われている。

いまも地域のなかで深いかかわりをもっていることを示しているといえよう。

仲仙寺山

敦賀へ通ずる国道一六一号の追坂峠（高島市マキノ町）を越え、小荒路《こあらじ》から左の道に入り、知内《ちない》川を渡ったマキノ町浦《うら》が仲仙寺《ちゅうせんじ》山の登り口にあたる。仲仙寺山の山名が、山頂近くにかつてあった仲仙寺に由来することはあまり知られていない。

標高三八八・五メートルをもつ仲仙寺山を知内川が取り囲むように流れている。このように寺院名が山の呼称として存在するのは、近江の百山とも言われている多くの山の名称の中で、観音寺山（繖山）と鈴鹿山系の松尾寺山・東光寺山の四例にすぎない。

仲仙寺山へは、浦の集落の裏手の林道を登る。給水タンクのそばから左側の細い山道に入る。谷状の斜面の坂道を曲がりながら登ると尾根にあがる。まもなく尾根道には浦の西南に位置する坂の下の集落から登る道と合流する。

仲仙寺山全景（マキノ町小荒路付近から望む）

掘り込まれたような道を進むと、正面に間口二・一六メートル、奥行二・一九メートルの子安地蔵堂の建物がある。ここが観音堂と山麓の中間地点にあたるのだろうか。建物の中の壇上には石造地蔵菩薩像三体が安置されている。

さらに山間のゆるやかな道を進む。左側にある三十段と十二段のよく清掃された石段を登ると、広い平地に仲仙寺観音堂がみえる。切妻造の観音堂は、桁行三間・奥行三間広縁を付けた立派な建造物である。山中にこのような堂々とした観音堂があることとは思いもよらなかった。

訪れた日は、七月十七日でちょうどその日は観音堂の「観音の日」の縁日にあたっていたのである。堂内から集落浦の地福庵《じふくあん》住職の読経の声が聞こえ、浦の集落の人々が参詣されていた。観音堂は世話方三人が代々交替制で堂守りの責任者となっているという。ことしの当番の上田昭治さんは、毎月一回必ず登山し、観音堂に参詣され、堂内外の点検をされていることをお聞きした。

この日は、午後四時ごろから集落約十八人が観音堂に集まり、ご詠歌をあげともに会食し、全員が堂内で「お籠《こ》もり」をし、明朝午前五時ごろに下山するならわしになっているという。このように毎年集落の人のほとんどがわざわざ観音堂に参詣し籠もるということは、近年あまりほかに例をみない貴重な行事といえるだろう。この山頂近くの観音堂も、湖北の多くの観音堂と同じように、集落の人々によって大切にしっかりと守られていることを実感した。

そして、観音堂では参詣者に「奉祈南無観世音菩薩　家内安全子孫繁栄専祈願　仲仙寺」と書かれたたんざく形の木版刷りが全員に配布される。観音堂のうしろの縁側には、集落の人々が奉納した石造西国三十三所観音像が並ぶ。いかにも信仰厚い集落の人々の発動がうかがわれる。

ところで、観音堂の中央の厨子《ずし》には、秘仏の平安時代の木造千手観音立像を安置する。等身大の総高をもち彫眼の柔和なまなざしをした堂々とした見事な像に圧倒される。本尊は三十三年に一回開帳、十七年目に中開帳が行われているという。この優品の観音像は、越《こし》の大徳とよばれる山岳修行者の僧泰澄《たいちょう》の作と伝えられ、重要文化財に指定されている。

堂内にはそのほか木造毘沙門《びしゃもん》天立像や、安政五年（一八五八）墨書のある絵馬をはじめとして七面みることができる。安政五年には千手観音像が開帳され、そのときの仏供米寄《ぶくまいよせ》帳の文書も残されているといわれている。

山名ともなっている仲仙寺は、廃寺となり現在では観音堂だけが残されているが、かつては大寺であったという。広い平地には山水の落ちる場所や墓所などもあり、その雰囲気をとどめている。

仲仙寺は、前述のように僧泰澄の開基を伝える寺院であるが、マキノ町内には泰澄の開基伝承をもつ寺院が多い。ちなみに同町白谷の白蓮寺・小荒路の竜泉寺・海津南浜の権水寺《ごんすい》・海津の宗正寺・最勝寺・海津大崎の大崎寺があげられる。そして、これらの寺院の多くには、仲仙寺と同様に泰澄が自ら彫ったと伝える十一面観音像が伝来されている。このことからも高島市の北部地域に位置する仲仙寺も、泰澄の開いた白山の流れをくむ仏教文化圏内に含まれていたと考えられるだろう。

仲仙寺からの下りは、浦からの登る道の反対側の道をとる。その山麓のマキノ町上開田《かみかいで》には、立派な薬師堂がある。堂内には、像内に延久六年（一〇七四）十二月二十五日仏師僧増源の銘のある木造薬師如来立像（重要文化財）が安置されている。このような事象からも、仲仙寺山は古代から地域の人々に特別な山として認識されていたといえよう。

秘仏千手観音立像（重要文化財）

岳山

岳《だけ》（嶽）山《さん》は、比良山系の北に位置し、登山者にとっては、比良山系全山縦走の北の出発点にもあたっている。共に登った友人は、この道は縦走のときよく通ったという話をされた。岳山は、比良山系の一つの山塊が琵琶湖に伸び独立丘のような形態をとる。標高五六五メートルの美しい山容をし、東側から遠望すると円錐形の山の形姿をしている。

高島市音羽《おとわ》にある大炊《おおい》神社の前が、岳山の登山口にあたる。大炊神社は岳山北東麓にある水尾《みお》神社の調理殿（大炊殿）跡という。この大炊神社をはさむように右側に白蓮山長谷寺《びゃくれんざんちょうこくじ》と薬師堂・別当の武蔵家、左側には長谷寺の奥の院にあたり、かつて岳山の頂上近くにあった観音堂が老朽化と参詣者の利便に供するため近年この地に移された。堂内には秘仏の本尊十一面観音立像を安置、

高島市拝戸付近から岳山を望む

そのほか延享三年（一七四八）銘の絵馬などがみられる。境内には鎌倉時代の宝篋印塔もみることができ、ここはかつての神仏習合の好例をみる思いがする。

さて、ここをスタートに山道（参詣道）を進む。道の左側には小田川の清流が流れる。山道の脇に丁（町）石がよく残され、まず一丁目からはじまる。七丁目あたりに神楽石《かぐらいし》がある。九丁目のところには、道の右側に「賽《さい》の河原」とよばれる建物がある。その中央には石造地蔵菩薩像が安置され、その前には小石が多く積まれていた。このように比較的しっかりした賽の河原が、山の中腹あたりにあるのは近江ではめずらしい。

再び山道を登ると、道の分岐点にさしかかる。ここには石造地蔵菩薩像と「右嶽参詣道　左山」と刻まれた石造道標がある。右側の道を進むと、左側が急に明るく樹木もなく、花崗岩が風化した白砂の場面が広がる。この地からの向かい側の山々と南東の琵琶湖の眺望はみごとだ。

ここには白蓮山と刻まれた石造石灯籠や江戸時代の宝暦四年（一七五四）紀年銘のある常夜灯が岩の上に建てられている。白蓮山は長谷寺の山号であり、岳山が信仰の山であることを示しているといえよう。そしてこの付近の景観は、一幅の絵画を見ているようだ。

さらに山道を登ると十四丁あたりだろうか、こんどは道の右側に、さきほどの白砂のところよりもはるかに広大な花崗岩の風化をした白砂の斜面が露出している。まばゆいばかりの白さだ。ここが一般に「白坂」とよばれるところである。JR湖西線の東窓からも、緑の山に大きな白い部分をはっきりと見ることができる。

道を登ると曲がり角に清水がある。そのところから石段となり、その右側に享保四年（一七一九）に建てられた十八丁を示す丁石をみることができる。登山口からおよそ一九〇〇メートルの道のりだ。近江でこれだけの丁石がきちっと残されているのはめずらしい例である。

石段の上が観音堂跡である。現在では基壇と腐材と瓦と西隅の清水の井筒だけがかつての堂跡を示すに過ぎない。いまからおよそ十八年前の七月九日の「千日会《え》」、一般に岳まいりとよばれる縁日に参詣した。観音堂は参拝者であふれ、本尊の厨子《ずし》の両側に江戸時代の「岳山縁起絵」（長谷寺蔵）二幅の掛け軸と縁起の由来を書いた板がかけられていた。縁起絵には、岳山が三つの峰に分かれ、中央の山頂に観音堂を配し、山頂から流れる水が小田川となり、右から流れる鴨川とともに琵琶湖に注ぐ。そして山腹に巨岩の上に立つ本尊十一面観音立像が描かれている。これはかつて参詣者に絵解きするときに用いられていたのであろう。

また、そのとき明治時代の参詣記録を見せてもらったが、地元はもちろん敦賀・朽木の人々の名前が数多く記されていたことを記憶している。多くの人々の観音信仰の厚いことをうかがわせる。その意味からも岳山への登山道は参詣道であった。

長谷寺の縁起は、近江国泊瀬《はせ》寺縁起をはじめ二種類あるが、そのもとは永観二年（九八四）の「三宝絵詞」にある大和国長谷寺《はせでら》縁起に由来する。すなわち、聖武天皇のとき三尾山に十丈余の檜《ひのき》があり、常に光を放っていたが、野火のために檜が焼かれ根が湖上に流れ漂泊、それを僧徳道がこの木で十一面観音像を造立しようと発願し、木本が長谷寺の十一面観音像、木の末の部分が奈良県長谷寺と香川県志度寺《しどでら》の本尊であるという。

長い歴史をもつ長谷寺は、十一面観音立像をまつるところから「岳観音」と

岳山頂上の石窟。なかに石造十一面観音立像が安置されている

もよばれ、近江西国三十三所観音霊場の第七番札所となっている。

観音堂跡からさらに頂上をめざす。道は急に険しく、ロープをたよりに上に登る。そして道の左右に奇岩・巨岩と出会う。中には縦約六メートル、横十一メートルといった大屛風のような巨岩があり圧倒される。その間を進むと、急に樹木のない花崗岩の風化した前述と同じ様相をした場所に出る。正面には比良山系が見ることができる。白砂の急斜面を足元に気をつけながら横切り樹林の中に入る。道そばには年代を経た板碑らしい石をみることができた。やがて石窟の前に着く。

これが元《もと》岳岩屋観音とよばれているものである。古墳の石室のように石積みの構造をしている石窟の中には、一つの石に十一面観音立像を中心に左右二尊が浮彫にされている。十一面観音立像の総高は光背を含めて一七五センチである。

これが長谷寺の奥の院であったが、江戸時代の延享《えんきょう》二年（一七四五）に大《おお》溝《みぞ》藩主分部《わけべ》光命《みつなり》が、参詣者の便を考えて前述の観音堂跡に移したといわれている。さらにこれが近年山麓に移されたことになる。

石窟の後ろには、岩が屹立しているがこれが岳山の山頂だ。これがほかの山でいう磐座に相当するのだろう。眼下に高島町・鴨川・安曇川平野が一望のもとに見渡せる。岳山がどのような位置に立地しているかを明確に知ることができる。山頂まで登ってみてこの山が、地域の人々から畏敬の念でみられていたことを実感する。

比良山

琵琶湖の西側に自然がつくり出した巨大な屏風が聳《そび》え立つ。近江を代表する美しい連山である。琵琶湖を挟んで湖東平野から屏風を眺めると左から霊仙山《りょうぜんやま》・権現山《ごんげんやま》・蓬莱山《ほうらいさん》・打見山《うちみやま》・比良岳《ひらだけ》・烏谷山《からとやま》・堂満岳《どうまんだけ》・釈迦岳《しゃかだけ》と峰が続き、見ることはかなわないが堂満岳の奥に武奈ヶ岳《ぶながだけ》・釣瓶岳《つるべたけ》がひかえる。これら南北に二十四キロメートル、標高千メートルを越える峰々を包括して一般に比良山と呼ぶ。「比良」という語源については、アイヌ語の急峻な斜面・崖という意味のPiraに由来するといわれ、『万葉集』の中で高市黒人《たけちのくろひと》が詠んだとされる歌にその地名が登場することから、奈良時代よりも以前に「比良」という地名が存在していたことが推測される。

その急峻な崖が連なる威勢のある山影は、古くから山岳信仰の山として多く

比良山系の最高峰の武奈ヶ岳山頂に並ぶ石仏群

の僧侶や修験者を受け入れてきた。奈良時代には早くも南都仏教が入り込み、平安時代には比叡・伊吹らとともに霊験の高い山として「本朝七高山」に数えられたと文献は伝える。以後、比良七百坊と呼ばれたように数多くの僧侶や修験者の行場が開かれ、山岳信仰の聖地として重要な位置を占めた。平安時代以降は比叡山の天台山岳信仰の影響を強く受け、中でも、この比良山中で不動明王を感得し、葛川《かつらがわ》明王院を創建した天台僧相応《そうおう》は八年間で千日、山野を延べ四千キロメートル近く歩くという「千日回峰行」の礎《いしずえ》を築いたことでよく知られる。また、毎年三月に行われる湖上交通の安全と琵琶湖で遭難した故人の霊を弔う「比良八講《ひらはっこう》」は、天台僧の厳しい修法であった「法華八講《ほっけはっこう》」が比良山中で行われていたことに由来し、若い僧侶に恋をした娘の悲しい伝説を今も伝えている。

五月初旬、この比良山に登った。最高峰は奥比良の武奈ヶ岳で標高一二一四メートル。ここへの登頂は山の西側にあたる大津市葛川坊村《ぼうむら》町の明王院横の登山口からが最短であるが、琵琶湖が臨める東側、かつては比良ロープウェイが整備されていた正面谷方面から登ることにした。約二十分林道を登るとようや

比良山中にある比良明神

く山に入る登り口である大山口着いた。ここから二手に分かれるが木々の中を蛇行して登る安全なダケ道を選んだ。琵琶湖が展望できるカモシカ台まで約一時間、そこから今は営業をやめた比良ロープウェイ山上駅まで五十分の登山であった。ところどころに「県の花」である石楠花《しゃくなげ》を見ることができた。そのとき作家井上靖の当初の作品に『比良のシャクナゲ』という短編を思い出した。写真雑誌に紹介された比良の頂に群れて咲くシャクナゲをこの目で見ることと、自分の手がけた長大な未完の研究論文の完成とを等価に置き、息子の死という悲しい過去を振り返りながら日常を送る老解剖学者の孤独を描いた哀愁漂う名作である。

石楠花と紺碧の琵琶湖を眼下に見ながら昼食をとり、八雲《やくも》ガ原経由で最高峰を目指した。八雲ガ原まで下って二十分。八雲ガ池の湿原を横目に武奈ヶ岳への道標を辿《たど》った。そこから一時間三十分、鳥のさえずりや木々の葉音、谷から吹き上げてくる風、奥深い山を身体で感じながら残雪の上や谷、尾根道を繰り返し歩き、山頂にたどり着いた。山頂は三百六十度の大パノラマ。東には琵琶湖と湖東平野が眺められ、その奥に鈴鹿山脈が遠望できる。北東には湖面に霊島竹生島が、その背後に県最高峰の霊山伊吹山が見えた。快晴であれば遠く霊峰御岳《おんたけ》や白山の稜線を見ることができるという。

山頂には七体の石仏が安置されている。よく見ると最も古く判別がつかない石仏が一体の他、おそらく江戸時代の制作と思われる五体の石仏は、その姿からそれぞれ観音菩薩、地蔵菩薩、弘法大師、不動明王、阿弥陀如来と確認できた。また、その六体と少し離れて平成十五年比良修験道と彫られた観音菩薩が静かに琵琶湖を眺めていた。

下山の途中、比良明神の祠に立ち寄った。比良ロープウェイ山上駅から北の釈迦岳方面に五分ほど向かったところにひっそりとある。赤い明神鳥居が参道の前に立ち、祠の前には武奈ヶ岳山頂にあったものと同じく、七体の石仏が並んでいた。他にも山道の脇に石仏を見ることができ、今もなお信仰の山として存在する比良の奥深さと偉大さを感じることができた。

室町時代に比良の山並みは『比良の暮雪《ぼせつ》』として近江八景の一つに選定された。また、前掲の井上靖の同書に「彫りの深い数条の渓谷をゆったりと抱き、裾広く湖西に足を踏んまえ、山頂の一部を雲にかくしていることの多い姿は、他の駄山《たやま》に見られぬ気稟《きひん》と風格を持っている。たしかに美しい」と比良の美をたたえている。しかし、その美は自然がつくりだしたスケールの大きな稜線だけによるものではない。悠久の過去から何十万という修行者が尾根や谷を闊歩し、山中で祈りを込めてきた。そしてその連綿と繋がってきた深い信仰の力がその美しさをいっそう昇華させた。多くの人々の熱い想いや営みが稜線に溶け込み、他の山に見られぬ秀麗な美をつくりだしているといえよう。（加藤賢治）

牛尾山

牛尾山《うしお》は、八王子山・小比叡ともよばれている。比叡山系の一つの峰である。標高三七八メートルの高い山ではないが、近江では三上山・太郎坊山と並んで円錐形の美しい山容をした山だ。山頂近くに檜皮葺きの二つの社殿の屋根の部分を遠くからも眺めることができる。牛尾山は、古くから神霊が宿るにふさわしい神奈備《かんなび》山（神体山）として、地域の人々から崇敬を集めてきた。

とくに、大津市坂本の日吉大社の参道からみる牛尾山は、ひときわ秀麗な様相をみせ、比叡山系の山なみを背景に一段と浮かびあがっているように見える。その登山道は、日吉大社の東本宮の楼門（重要文化財）横からである。牛尾山への登り口の右に牛尾社、左に三宮社のそれぞれ遙拝所があり、その間にある石段を登ることになる。

ここから勾配のある曲がりながらの坂道を上に向かって進む。後述するが日吉山王祭のとき、この急坂を神輿が往還するので、通常の山道と異なり道幅が広い。なかには道幅八メートルをこえるところがある。

四曲がりをした途中の右側に「御灯道」と書かれた木札をみることができる。細い道であるが、山麓にある西本宮方面に通じている。毎年日吉山王祭のとき三月一日に山麓の二基の神輿（牛尾社・三宮社）が、牛尾山頂の奥宮にかつぎあげられるが、四月十二日までの間、日吉大社神官によって毎夕、山頂の奥宮に献灯がされる。この道は、そのために通る特別の山道である。

再び牛尾山の本通りの坂道を登ると、右側に石段がある。その石段を五十五段昇ったところに右に細い山道がみえる。その山道を少し進めば整地されたような平地に出る。ここには「神宮禅院旧跡」と書かれた石碑がある。伝教大師最澄の父三津首《みつのおびと》百枝《ももえ》が、最澄の出生を祈願するために建立した草庵の跡と伝えられている。

『叡山大師伝』によれば、最澄が比叡山に延暦四年（七八五）に入山したとき、この神宮禅院に参詣し仏舎利を得たという。最澄の比叡山入りの最初の地が、

参道から見た牛尾山全景

神奈備山の牛尾山の山頂近くあったことになる。なお、石碑は大正十年（一九二一）最澄の没後一一〇〇年遠忌のときに建てられている。神宮禅院旧跡に立っていると、はるか崖下に大宮川の瀬音がかすかに聞こえるほどの静寂の地だ。また、もとにもどり石段を登る。このあたりから正面の上方に、畳数でいえば十畳ぐらいの巨大な岩が露出し、注連縄《しめなわ》がめぐらされているのが目に入る。これが牛尾山の磐座である。「金大巌」ともよばれ、古代の祭祀の対象になったところだ。日吉大社は、この神体山の牛尾山からはじまったことを物語っている。

とくに注目されることとは、磐座を真中にして右側に牛尾神社本殿と拝殿、左側に三宮神社本殿と拝殿が、巨岩に接合するように建立されていることである。檜皮葺きの本殿は三間社流造《さんげんしゃ》で、懸造《かけ》（舞台造）の拝殿が、本殿の縁を取り囲むような形姿をとる。そして入母屋造の妻を区面にしているが、軒唐破風《はふ》をつけ本殿の入口としている。下から見上げていると、このような巨岩が露出した地形の不安定なところに、複雑な構造をもつ建造がよくされたものだと驚くほどである。懸造として近江では、このほかに石山寺と太神山不動寺だけで貴重

牛尾山の頂上部にある社殿（重要文化財）

な建造物といえるだろう。

社殿は、牛尾神社が文禄四年（一五九四）に、三宮神社は慶長四年（一五九九）にそれぞれ建造され、いずれも重要文化財に指定されている。また、牛尾神社側に「山王八王子」と深く刻まれた正徳二年（一七一二）造立の石灯籠、三宮神社側に「山王三宮」享保十一年（一七二六）刻銘のある石灯籠が建てられている。

牛尾山の山頂は、磐座の北側の細い山道を少し登ったところであるが、眺望はあまり期待できない。奥宮にあたる社殿あたりから樹の間に坂本・下阪本・琵琶湖、さらに対岸の三上山をはじめとする湖東平野を見ることができる。牛尾山が地域から仰ぎみる絶好の場所に位置していることがわかる。

ところで、牛尾山の歴史は古い。奈良時代の『古事記』上巻に

大山咋《おおやまぐい》神　亦の名は山末《やますえ》之《の》大主《おおぬし》神　此の神は近淡海国の日枝の山に坐し

とある。すなわち近江国の日枝（比叡）の神は大山咋神のことをいう。山末の

大主神とよぶのは比叡山の末、いわゆる比叡山の東の峰にあたる牛尾山にまつられていることを示している。大山咋神は地域の土着神・産土神《うぶすながみ》であるが、祭祀の系譜を現在まで継承しているのが日吉山王祭である。

牛尾山を中心に行われる日吉山王祭は、春の田植えなどの農耕作業のはじまる前に、山から神を迎え、豊作を祈る農耕信仰の要素を色濃く残している。歴史的・民俗学的にみても日吉大社の始源は、前述のように牛尾山からはじまったといえる。ここで日吉山王祭のなかで関係している部分について若干ふれてみよう。

三月から四月十五日にかけて行われる日吉山王祭は、大きく分けて二つの構成要素がある。すなわち産土神をまつる東本宮系と、近江大津宮遷都のとき大和の三輪明神を勧請した西本宮系の祭りだ。ここでは東本宮系の行事を中心にみる。

前述のように牛尾山の山頂の牛尾神社祭神は、産土神・土着神の大山咋神。三宮神社の祭神は妃の鴨玉依姫《かもたまよりひめ》神である。この牛尾山の奥宮に対して、里宮が山麓の東本宮にあたる。東本宮の本殿は、日吉造（聖帝造）とよばれ、本殿の後背に一段高い高欄をつけるという特異な形式をした建造物で国宝に指定されている。この形式は、神体山牛尾山の奥宮との密接な関係を象徴しているように考えられる。

三月一日に山麓の神輿庫から牛尾社と三宮社の神輿二基が出され、およそ八十人の駕輿丁《かよちょう》たちによって、急坂を山頂に鎮座する牛尾神社・三宮神社まで担ぎあげられる。「神輿上げ」とよばれているもので、これから長い日吉山王祭がはじまる。

このとき神輿の前方に二本の長い太縄をつけてひっぱり、うしろからは二本の太い竹棒で神輿を押しあげる。曲がりくねった急坂を担ぎあげるにはかなりの力がいる。

四月十二日夜には「午《うま》の神事」とよばれる行事がある。担ぎあげられていた牛尾山の奥宮の拝殿から二基の神輿が出され、こんどは急坂を山麓まで降ろす。見物人が神輿を取り囲むかたちでかけ声勇ましく坂をくだる豪壮な行事である。この行事は春に山から里へ神霊を迎える様相を現し、農耕儀礼の性格を強く示すものといえるだろう。

日吉山王祭のなかの「午の神事」(神輿を山麓までかつぎおろす)

二基の神輿は、やがて里宮の東本宮の拝殿に安置され、そして「シリツナギの行事」が行われる。すなわち二基の神輿の後部の黒棒を重ね合わせるかたちで置かれる。これは神の交合を象徴している。そして宮司から「御生《みあ》れ」の祝詞が奏上。大山咋神と鴨玉依姫が結婚し、若宮（鴨別雷神《かもわけいかずち》）誕生ということになる。

十三日昼にはその夜誕生する若宮への献花を意味する華やかな「花渡り式」が、日吉参道で繰り広げられる。また、これから誕生する若宮に玩具類をそなえる「未《ひつじ》の御供」もある。四月十三日夕に日吉山王祭のなかで最も勇壮な「宵宮《よいみや》落し」が行われる。これは日吉大社境内の政所《まんどころ》の一段高いところで、神輿を上下に激しく何十回も激しくゆする。この行為は若宮誕生の陣痛を表現している。

ここまでが日吉山王祭のうち東本宮系の行事のあらましである。後半は東本宮系から西本宮系に移行する。前述のように牛尾山の奥宮から里宮に神を迎え合体によって若宮誕生という五穀豊穣と平安を祈願する祭りが、古式に則って今日まで継承されている。まさしくその行事は牛尾山を中心に行われているのである。

比叡山

霊峰で知られる比叡山は、主峰の大比叡（八四八・三メートル）をはじめ四《し》明《めい》ヶ嶽（八三六・六メートル）・釈迦《しゃか》ヶ岳（横高山　七五〇メートル）・水井山（七九四・一メートル）・三石岳（六七四メートル）の五つの峰をもち、これを含めて比叡山とよばれている。

比叡山の中心は、記すまでもなく延暦寺であるがその寺域は、三塔（南から北へ東塔・西《さい》塔・横川《よかわ》）十六谷とよばれるほど広範囲にわたる。堂舎の多くは、山上の尾根や谷あいの平坦地をたくみに利用して、いずれも滋賀県（琵琶湖）側の標高五〇〇メートルから六〇〇メートル前後に位置している。比叡山へは、平安時代からの延暦寺の豊かな歴史を反映して、登山道も滋賀県側・京都側をあわせれば二十を超えるほどだ。武覚超氏の調査によれば、かつて三十二の登山道があった。ここでは比叡山への中心の登山道ともいえる本坂について若干ふれてみよう。

本坂は表坂《おもて》・東坂《ひがし》ともよばれ、比叡山延暦寺へのかつての表参詣道にあたっていた。ちなみに、西坂は京都市側の雲母坂《きらら》のことをさす。本坂の登り口は大津市坂本の日吉大社の参道の突きあたりである。両側に比叡山の石造常夜灯の並ぶ幅広く高い石段を登る。やがて五大院前の新しい長い石段を登り切り坂道（本坂）に入る。ふりかえると美しい琵琶湖の風景が眼下に眺望できる。さすが本坂だけに道幅は広いが、長い年月にわたる雨水などで道の真ん中あたりが深く削り取られ、石がごろごろして若干歩きにくい。登るにしたがい山道の左右には、緑濃い樹相や、深い谷筋をみることができる。山道だけになかには急坂も随所にある。

やがて本坂の右側に花摘堂《はなつみ》跡の標識がみえる。右の急な坂道を登ると高台に花摘堂跡の碑がある。この地は、かつて最澄の母が最澄と面会したところといわれ、のち智証大師《ちしょう》（円珍）がその由緒にちなんで社を建てたという。山の季節の花を摘んで供えたので、その呼称があるとも伝えられている。

再び本坂を登ると、路傍に三体の石仏が並び、それぞれに季節の美しい花が供えてあったのが目を引いた。このところから右の道をくだれば大宮谷を経て横川へと通じている。やがて本坂の右側に檀那《だんな》院覚運の墓所があり、そのうえには石造薬師如来立像を安置する聖尊院堂がある。この付近には東塔東谷のいくつかの坊跡をみることができる。

本坂の右側には、慈覚《じかく》大師円仁《えんにん》の御廟《ごびょう》（墓所）を示す立派な石標がみえる。墓所はこの地から約五〇〇メートルくだった華芳《かほう》峰にある。本坂はこのあたりからは船持坂とよばれる急坂を登る。左側に法然上人の旧跡法然院がある。道は右へカーブをとると文殊《もんじゅ》楼への高い石段下の延暦寺会館前に着く。彼岸の日になっても残雪が各所に見られ、山下との温度差を感じる。

道は根本中堂・大講堂・戒壇《かいだん》院など東塔の中心堂舎へ通じている。さらに道は、最澄の御廟の浄土院からにない堂、西塔の釈迦堂を経て、尾根道にあたる峰道を通り、横川へ行くことができる。

本坂の登り口から根本中堂までおよそ三キロメートルの坂道である。実際歩いてみてこの険しい山道を平安時代以降、幾多の人々の往来のきびしさを実感した。そのために江戸時代の絵図「比叡山絵図」（叡山文庫蔵）によれば、本坂には休憩所にあたる和労堂が五カ所も設けられていた。

ところで、比叡山はすでに牛尾山の項でふれたように、神の山・霊山をして古代人の原始信仰の対象となっていた。奈良時代に最澄が延暦寺を開く前に、すでに比叡山は山林修行者たちの修行する山として知られていたのである。

概説ですでに述べたように奈良時代の漢詩集『懐風藻《かいふうそう》』によれば、ときの近江国司藤原仲麻呂が比叡山に登り、父武智《たけち》麻呂が建立した草庵を訪ねたとき、同行した麻田連陽春《あさだのむらじやす》が

稗叡《ひえい》（比叡山）は寔《まこと》に神山。山静にして俗塵寂《ぞくじんしづ》まり（中略）

とその様相を記している。当時の比叡山の雰囲気がみごとに表現されているといえる。幼少時から比叡山を仰ぎみて育った最澄は、近江国分寺僧をわずか三カ月で去り、静寂の地を求めて霊山の比叡山に登ったのである。

最澄は、奈良時代からの山岳仏教の伝統をうけて、自らの仏道修行の実践の

根本中堂

場を比叡山に定め、籠山十二年をはじめとする山学山修を積んだ。そして延暦七年（七八八）、現在の根本中堂付近の虚空蔵尾《こくうぞうのお》とよばれるところに小堂を建てる。ここに自刻の薬師如来像を安置し、その左右にも小堂を造立した。この三堂は一乗止観院《いちじょうしかん》とよばれ、のちの比叡山寺の始源となったのである。ここに最澄による新しい山岳仏教が打ち出されたのであった。最澄は、東に美しい琵琶湖をのぞむ比叡山という絶好の地を選び、自己の思想を体系化し、その具現化に力《ちから》を注いだのである。

最澄のなきあと高弟の円仁・円珍が活躍し三塔が確立した。その後平安時代中期に良源（慈恵大師）の出現によって比叡山上の堂舎の整備、教学の興隆がはかられ、比叡山の仏教文化の基礎を築いたといえるだろう。

いずれにしても比叡山延暦寺は、日本の山岳仏教の母胎となり、近江はもちろんのこと日本の歴史と文化の構築に大きな影響を与えたことは言をまたない。霊山としての山の有形無形の力を発揮したのが、比叡山といってよい。なお、平成六年（一九九四）には世界文化遺産に登録されている。

雪景色の中にたたずむ石造弥勒菩薩像（比叡山西塔）

参考文献

近江百山之会　『近江百山』（ナカニシヤ出版　一九九九）
近江地方史研究会　木村至宏編　『近江の川』（東方出版　一九九三）
大津市編　『新修大津市史　第一巻～第十巻』（大津市　一九七八～八七）
小栗栖健治　『宮座祭祀の史的研究』（岩田書院　二〇〇五）
景山春樹　『神体山』（学生社　一九七三）
鎌田茂雄　『山岳信仰』（集英社　一九八七）
木村至宏　『図説近江古寺紀行』（河出書房新社　一九八七）
木村至宏　『琵琶湖　その呼称の由来』（サンライズ出版　二〇〇一）
木村至宏編　『近江の山』（京都書院　一九八八）
木村至宏共編　『滋賀県の地名　日本歴史地名大系』（平凡社　一九九一）
木村至宏共著　『比叡山Ⅰ　一二〇〇年の歩み』（大阪書籍　一九八六）
草川啓三　『近江の峠　歩く見る撮る』（青山舎　二〇〇三）
五来　重　『山の宗教　修験道』（淡交社　一九七〇）
五来　重　『仏教と民俗』（角川書店　一九七六）
五来　重　『日本人の仏教史』（角川書店　一九八九）
久保田展弘　『日本の聖地』（講談社　二〇〇四）
滋賀県教育委員会編　『滋賀県文化財目録』（滋賀県教育委員会　一九九七）
市立長浜城歴史博物館編　『近江湖北の山岳信仰』（サンライズ出版　二〇〇五）
鈴木昭英　『修験教団の形成と展開』（法蔵館　二〇〇三）

鈴木昭英　『霊山曼荼羅と修験巫俗』（法蔵館　二〇〇四）
武　覚超　『比叡山三塔諸堂沿革史』（叡山学院　一九九三）
谷川健一編　『日本の神々　近江・山城』（白水社　一九八六）
田中日佐夫　『近江古寺風土記』（学生社　一九七三）
長宗清司　『琵琶湖周辺の山』（ナカニシヤ出版　一九九三）
林　博通　『近江の古代遺跡』（サンライズ出版　二〇〇三）
日野町編　『近江日野の歴史　第一巻』（日野町　二〇〇五）
町田宗鳳　『山の霊力』（講談社　二〇〇三）
松浦俊和　『古代近江の原風景』（サンライズ出版　二〇〇三）
満田良順　『飯道山の修験道』（『近畿霊山と修験道』所収　名著出版　一九七八）
光永覚道　『回峰行に生きる』（春秋社　二〇〇一）
宮家　準　『修験道と日本宗教』（春秋社　一九九六）
村山修一　『比叡山史』（東京美術　一九九四）
山折哲雄ほか　『山と日本人』（『歴史公論』所収　雄山閣　一九八五）
山本武人　『近江湖北の山』（ナカニシヤ出版　一九八五）
米田　実ほか　『滋賀県の山』（山と渓谷社　一九九五）
和田光生　『大津市内の山の神行事に関する覚書』（『大津市歴史博物館研究紀要　第二号』
大津市歴史博物館　一九九四）
和歌森太郎　『山岳信仰の成立と展開』（名著出版　一九七五）

写真撮影（数字はページ）

寿福　滋　口絵（1～8）　33　47　60　72　83　89　97　101　103　107　109　119　135　139　151　153　157　161　169　175　191　195　201　207　237

米田　実　55　115

和田光生　67　71　229

加藤賢治　181　217

寺嶋典人　197

佐々木晶子　143　147　163

木村至宏　19　59　91　99　121　125　129　131　155　171　183　187　205　211　223　225　235

所蔵者および写真提供

大津市歴史博物館　高島歴史民俗資料館

菅山寺弘善館（余呉町）　甲賀市史編纂室

観音寺（米原市）　己高閣（鶏足寺）

延暦寺　サンライズ出版　滋賀県教育委員会

あとがき

近江を取りまく山の特徴は、古代からその山麓や周辺の人々と深いかかわりをもってきたことである。本書で取りあげた山は二十二山であるが、出版物の『近江百山』では、近江だけで百山という多くが紹介されている。

子どものころ先輩・友人たちに連れられて近郊の山へよく登った。十六歳のときに比叡山に登ってから以降、折りにふれ近江の山にまつわる史話を側聞するたびに、「山の存在」が大きくなった。近江の山については、グループしこう会によって新聞連載のあと、昭和六十三年（一九八八）に出版されたが約十二年前に絶版となった。

本書は、すでに述べたように近江の山が、古代から開け山岳信仰を有し、仏教伝来のあと神仏習合の形態のなかで、人々の信仰を背景に造寺造仏が行われ、文化の形成が展開された顕著な山を中心に記述したものである。いずれの山も懐《ふところ》が深く、浅学のため充分に山の全体像を浮き彫りにすることができなかった。ここで取りあげた以外にも歴史の系譜を包含した山が、数多く存在するだろう。

二十二山のうち二山を除き、標高一一一〇メートルの綿向山（日野町）をはじめすべての山に登った。登ったというよりも参詣をした意識が強いのかもしれない。登山した山の頂上部や中腹に存在する遺跡・巨大な磐座・池・建造物・祠・大木・巨岩群などをみつけるにつけ、山の歴史の重みをひしひしと感じた。登山中に何人もの人に出合ったが、険しい急坂の登山道（参詣道）を年数回も、往還される人たちには敬服に価する。

どの山も登山する人の便をはかるために、さまざまな道しるべがほどこされ、その作善行為によって、私自身山中で不安な気持が救われたことをたびたび体験をした。また、当然ながら山を媒体として自然の中に私たち人間が包まれているということも再認識した。そして古くから地域の人々と深いかかわりのある山は、私たちに生命力を与えてくれるところであるとも思った。

それはともかく、近江の山は単に近江のすぐれた自然景観の形成の要因だけでなく、山が既述のとおり近江の歴史と文化の構築に、重要な役割を果たしてきたことは記すまでもない。すなわち古代から人々から畏敬の念をもってみられてきた山が、近江の文化を生む母胎となったのである。しかも、現在でも各山においてある程度、その文化の系譜をたどることができるということはすばらしいことだと考えられる。その意味において近江の文化の特性をおおまかにくくるとすれば、琵琶湖とそれを取りまく道とともに山の存在といった三つの要因をあげることができるだろう。本書が、近江の山に対してより目を注いでいただく一助になれば望外の喜びである。

ところで、本書の刊行にあたっては、多くの方々にお世話になった。ご案内・ご同行いただいた加藤賢治・佐々木晶子・森脇啓充・門野晃子・和田光生・塚本信雄・岡井健司・鳥野茂治・八杉淳の各氏、ご協力いただいた寿福滋・米田実・石丸正運・松浦俊和・杉江進・寺嶋典人・江竜喜之・秀平文忠・日永伊久男・桑野仁・上田藍子の各氏、なかでも石丸正運さんには飯道山についてご寄稿をいただきお礼を申しあげたい。

とくに何度もご同行やご寄稿いただいた加藤賢治さん（成安造形大学）、原稿編集にもご尽力いただいた佐々木晶子さん（大津市歴史博物館）、本書のためにご多用中わざわざ新たに写真撮影をしていただいた写真家寿福滋さんに対しそのご厚意に感謝を申しあげたい。なお、本書は本年度の成安造形大学特別研究助成を受けたものである。

末尾ながら本書の発行にあたり、貴重な写真をご提供していただいた所蔵者の方々、関係機関、そして『琵琶湖　その呼称の由来』（二〇〇一年刊）に次いで今回も格別のお世話になったサンライズ出版社長の岩根順子さんに、ここに改めてお礼を申しあげる次第である。

平成十七年十月吉日

木村至宏

索　　引（50音順）

山　名

人　名

■著者略歴

木　村　至　宏（きむら　よしひろ）

1935年10月　滋賀県生まれ。
大谷大学大学院文学研究科中退　日本文化史専攻。
大津市史編纂室室長。
1990年　大津市歴史博物館初代館長。成安造形・大谷・京都橘女子・放送各大学非常勤講師を歴任。
1996年　成安造形大学教授。
1998年　成安造形大学附属研究機関芸術文化交流センター所長を併任。
2000年8月　成安造形大学学長。

主な著書
『日本都市生活史料集成　港町編』(1976年　共著　学習研究社)
『江戸時代図誌　畿内』(1977年　共編著　筑摩書房)
『図説滋賀県の歴史』(1987年　編著　河出書房新社)
『日本歴史地名大系　滋賀県の地名』(1991年　共編著　平凡社)
『近世風俗図譜　祭礼Ⅰ』(1992年　共著　小学館)
『図説近江古寺紀行』(1995年　河出書房新社)
『近江の歴史と文化』(1995年　編著　思文閣出版)
『近江の道標―歴史街道の証人』(2000年　京都新聞社)
『琵琶湖―その呼称の由来―』(2001年　サンライズ出版)
『いくつもの日本Ⅲ 人とモノと道と』(2003年　共著　岩波書店)ほか多数。

近江《おうみ》 山《やま》の文化史《ぶんかし》―文化と信仰の伝播をたずねて―　淡海《おうみ》文庫33

2005年10月1日　初版1刷発行

企　画／淡海《おうみ》文化を育てる会
著　者／木　村　至　宏
発行者／岩　根　順　子
発行所／サンライズ出版
滋賀県彦根市鳥居本町655-1
☎0749-22-0627　〒522-0004
印　刷／サンライズ出版株式会社

ISBN4-88325-149-7 C0021

淡海《おうみ》文庫について

「近江」とは大和の都に近い大きな淡水の海という意味の「近（ちかつ）淡海」から転化したもので、その名称は「古事記」にみられます。今、私たちの住むこの土地の文化を語るとき、「近江」でなく、「淡海」の文化を考えようとする機運があります。

これは、まさに滋賀の熱きメッセージを自分の言葉で語りかけようとするものであると思います。

豊かな自然の中での生活、先人たちが築いてきた質の高い伝統や文化を、今の時代に生きるわたしたちの言葉で語り、新しい価値を生み出し、次の世代へ引き継いでいくことを目指し、感動を形に、そして、さらに新たな感動を創りだしていくことを目的として「淡海文庫」の刊行を企画しました。

自然の恵みに感謝し、築き上げられてきた歴史や伝統文化をみつめつつ、今日の湖国を考え、新しい明日の文化を創るための展開が生まれることを願って一冊一冊を丹念に編んでいきたいと思います。

一九九四年四月一日

淡海文庫好評既刊より

淡海文庫21

琵琶湖 —その呼称の由来—

木村至宏 編　定価1260円（税込）

「琵琶湖」は、いつから誰によってそう呼ばれるようになったのだろう。形が楽器の琵琶に似ているためなど諸説があるなか、竹生島に祀られた守護神、弁才天との関係に注目。「琵琶湖」の名が登場し、定着するまでの過程を検証する。

淡海文庫17

近江の鎮守の森 —歴史と自然—

滋賀植物同好会 編　定価1260円（税込）

昭和初期の造営からわずか60年で樹木が鬱蒼と茂り、さまざまな生きものが生活する豊かな森となった近江神宮の林苑の歴史を紹介。県内の主な神社の「鎮守の森」探訪ガイドを付す。

淡海文庫 9

近江の城 —城が語る湖国の戦国史—

中井　均 著　定価1260円（税込）

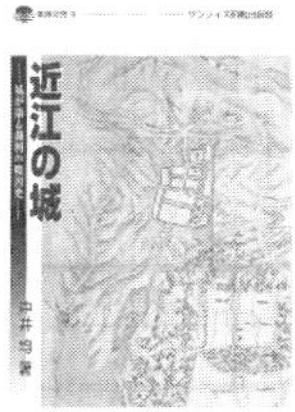

滋賀県には、1300にのぼる中世城館跡が残されている。それら城跡の構造や分析から、古文書では知ることのできなかった戦国史を読み解く、待望の書。

淡海文庫22

テクノクラート 小堀遠州 —近江が生んだ才能—

太田浩司 著　定価1260円（税込）

お茶・生け花・庭造りなどに通じた江戸時代わが国きっての文化人、小堀遠州は、幕府の有能な技術官僚でもあった。生地・長浜をはじめ各地に残る古文書を読み解き、徳川家光・井伊直孝ら同時代の人物との関係などを通して、その知られざる実像に迫る。